AF226652

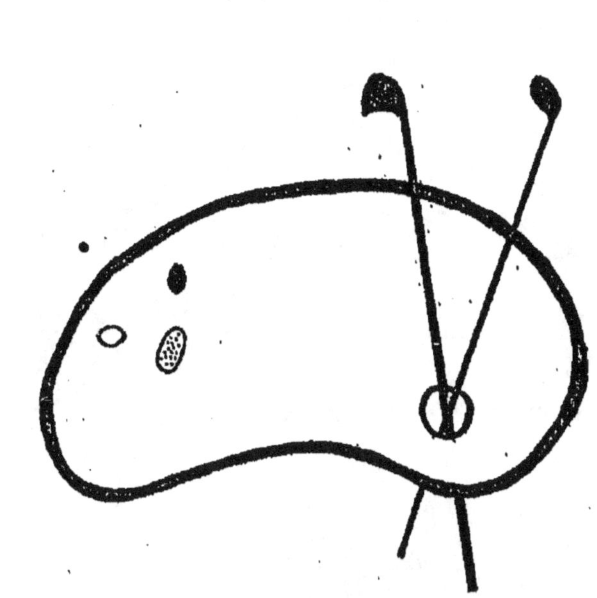

DEBUT D'UNE SERIE DE DOCUMENTS
EN COULEUR

AF226652

&R
14946
(363)

SCIENCE ET RELIGION
Études pour le temps présent

LA RELIGION CATHOLIQUE

EN CHINE

PAR

J. B. PIOLET et Ch. VADOT

PARIS

LIBRAIRIE BLOUD & Cⁱᵉ

4, RUE MADAME ET RUE DE RENNES, 50

Tous droits réservés

BLOUD & Cⁱᵉ, Éditeurs, rue Madame, 4, PARIS (VIᵉ)

Nouvelle Collection

LA PENSÉE CHRÉTIENNE

Textes et Études

GRANDS IN-16 A PRIX DIVERS

Moehler, par Georges Goyau. 1 volume. — Prix : 3 fr. 50 ;
franco . . . . 4 fr. »»

Bonald, par Paul Bourget, de l'Académie française, et Michel
Salomon. 1 vol. — Prix : 3 fr. 50 ; franco . . . . 4 fr. »»

Saint Irénée, par Albert Dufourcq, professeur à l'Université de
Bordeaux. 1 vol. — Prix : 3 fr. 50 ; franco . . . . . . 4 fr. »»

Newman. *Le développement du Dogme chrétien*, par Henri Bremond.
1 vol. — Prix : 3 fr. ; franco . . . . 3 fr. 50

Newman. *Psychologie de la foi*, par Le Même. 1 vol. — Prix 3 fr. 50
franco . . . . 4 fr. »»

Tertullien, par Turmel. 1 vol.— Prix : 3 fr. 50 ; franco . 4 fr. »»

Saint Jean Damascène, par V. Ermoni. 1 vol. — Prix : 3 fr. ;
franco . . . . 3 fr. 50

Saint Bernard, par E. Vacandard. 1 volume. — Prix : 3 fr. ;
franco . . . . 3 fr. 50

Épîtres de saint Paul. *Traduction et commentaire*, par A. Le-
monnyer O. P., professeur d'Écriture sainte. 1ʳᵉ partie : *Lettres aux
Thessaloniciens, aux Galates, aux Corinthiens et aux Romains*.
1 vol. — Prix : 3 fr. 50 ; franco . . . . 4 fr. »»

Épîtres de saint Paul. *Traduction et Commentaire*, par Le Même.
2ᵉ partie : *Lettres aux Philippiens, aux Colossiens, aux Éphésiens
à Philémon, aux Hébreux, Lettres pastorales*. 1 vol.— Prix : 3 fr. 50
franco . . . . 4 fr. »»

Évangile selon saint Mathieu. *Traduction et commentaire*,
cartes et plans par V. Rose, O. P. 1 volume. — Prix : 2 fr. 50 ;
franco . . . . 2 fr. 75

Évangile selon saint Marc. *Traduction et commentaire*, par Le
Même, cartes et plans. 1 vol.— Prix : 2 fr. 50 ; franco . 2 fr. 75

Évangile selon saint Luc. *Traduction et commentaire*, par Le
Même, cartes et plans. 1 vol. — Prix : 2 fr. 50 ; franco . 2 fr. 75

Actes des Apôtres. *Traduction et commentaire*, par Le Même.
1 vol. — Prix : 3 fr. 50 ; franco . . . . 4 fr. »»

Épîtres catholiques. — Apocalypse. *Traduction et commentaire*,
par le R. P. Th. Calmès, SS. CC. 1 volume. — Prix : 3 fr. ;
franco . . . . 3 fr. 50

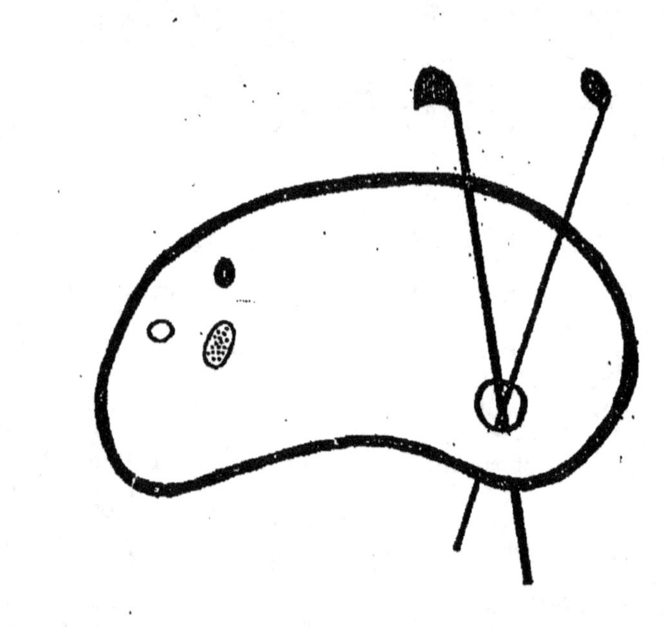

FIN D'UNE SERIE DE DOCUMENTS
EN COULEUR

SCIENCE ET RELIGION
Etudes pour le temps présent

LA RELIGION CATHOLIQUE EN CHINE

PAR

J.-B. PIOLET et Ch. VADOT

PARIS

LIBRAIRIE BLOUD & Cte

4, RUE MADAME ET RUE DE RENNES, 50

Tous droits réservés

DANS LA MÊME COLLECTION

RELIGION CATHOLIQUE EN CHINE

CHAPITRE PRÉLIMINAIRE

LA CHINE : LE PAYS, L'ANCIENNE MISSION

I

Le pays et ses habitants.

La Chine, un des plus vastes empires de l'Asie et du monde, est limitée au Nord par la Sibérie, à l'Est par la mer, au Sud et au Sud-Est par l'Indo-Chine et la Birmanie, et à l'Est par les chaînes de l'Himalaya et le Turkestan. Elle s'étend du 74e au 130e degré de longitude Est et du 20e au 55e degré de latitude Nord. Elle mesure 22 millions de kilomètres carrés et renferme plus de 400 millions d'habitants, le quart de la population totale du genre humain. Mais plusieurs provinces se détachent peu à peu de ce colossal empire ou lui sont enlevées, les unes après les autres, par les nations européennes. Ainsi la Mongolie et la Kachgarie se laissent de plus en plus pénétrer par l'influence russe, le sort de la Mandchourie et de la Corée ne sera définitivement réglé qu'à l'issue de la guerre russo-japonaise, et

sauf un ministre Chinois encore influent à Lhassa,
on peut regarder le Thibet comme affranchi, si bien
que l'Empire chinois ne comprendra bientôt plus
que les seules dix-huit provinces de la Chine proprement dite.

Ces dix-huit provinces sont arrosées de grands
fleuves dont les eaux bienfaisantes, dirigées en tout
sens par d'abondants canaux, rendent le sol des
vallées d'une inépuisable fertilité. On y cultive en
grande quantité le mûrier dont les feuilles sont
la nourriture du ver à soie, le thé que l'on exporte
partout et le riz qui forme presque la seule alimen-
tation du peuple, avec le blé, le maïs et le sorgho.
Le sous-sol est non moins riche : « le charbon du
Chan-si, dit un savant voyageur, suffirait pour le
monde entier pendant mille ans », l'or abonde
au Se-tchouan et dans la Mongolie ; le jade et plusieurs pierres précieuses sont très répandus au
Yun-nan. Si tous ces trésors étaient savamment
exploités, la Chine serait sans conteste un des plus
riches pays du globe.

Mais le Chinois est routinier et l'on ne changera
pas facilement sa religion ni ses mœurs. D'un
orgueil insondable, infatué de sa civilisation, il
dédaigne fièrement et sottement tous les progrès
véritables accomplis chez les peuples d'Occident.
Les mandarins lettrés croient tout savoir, tout connaître, et sont en réalité d'une ignorance crasse sur
l'histoire, la géographie, les sciences et les arts des
pays étrangers. Ce n'est pas que le Chinois ne soit
intelligent et même subtil. Mais un système d'édu-
cation, faux et vicieux, déprime vite l'intelligence des
enfants. Ceux-ci apprennent, durant de longues années, des livres classiques où ils ne comprennent rien,
et beaucoup de temps s'écoulera encore avant qu'une
instruction, vraie et solide, soit acceptée en Chine.

Le Chinois est laborieux, sobre. Extrêmement poli dans toutes ses relations, toujours maître de lui, patient, il fait le désespoir des Européens qui veulent traiter avec lui de négoce ou d'affaires. Il les enjôle par ses manières félines, les impatiente et finit par triompher.

La religion dominante est le bouddhisme avec ses différentes sectes : le taoïsme, le lamaïsme ou bouddhisme réformé. Les temples ou pagodes sont nombreux. Sans parler des grandes villes où ils ne se comptent plus, le moindre village, chaque site pittoresque, chaque sommet élevé, chaque oasis dans le désert, chaque bouquet d'arbre dans la plaine renferme une pagode. Et qui habite cette pagode ? La plupart du temps des êtres dégradés, ignorants et méprisables, appelés *bonzes*, *tao-sse*, *lamas*. Leur nombre est presque infini. Une autre religion, celle des lettrés surtout et des mandarins, est le culte rendu à Confucius. De plus, on compte en Chine vingt millions de musulmans.

II

L'ancienne mission.

Sans nous arrêter à la légende, plus ou moins fondée, qui fait remonter à saint Thomas l'évangélisation de la Chine, nous avons des preuves certaines que le Christianisme avait pénétré dans ces vastes régions dès le début du VIIᵉ siècle, et que des églises y étaient construites. La fameuse pierre de Si-nganfou, découverte en 1625, ne laisse plus aucun doute là-dessus.

Vers le milieu du XIIIᵉ siècle, le Franciscain Jean Montecorvino, à la fois missionnaire, ambassadeur des Puissances chrétiennes et légat du pape, réussit à établir à Khan-Baleck, nom donné alors à la ville de Pékin, des missions florissantes. Deux églises furent bâties dans la capitale de l'Empire et 6.000 chrétiens purent bientôt s'y rassembler. A sa mort, arrivée en 1333, l'illustre missionnaire, devenu archevêque de Pékin, laissait plus de 100.000 chrétiens convertis par lui et d'autres religieux de son ordre, infatigables compagnons de tous ses travaux.

Au XIVᵉ siècle, un autre Franciscain, le Bienheureux Oderic de Pordenone, arrive en Chine par la seule voie alors connue, la longue et pénible route à travers l'Arménie, la Perse, les Indes et Sumatra. De là, il gagne Khan-Baleck par Hang-tcheou et Yang-tcheou, baptise à lui seul 20.000 infidèles et laisse de son voyage et de son apostolat une des plus intéressantes relations que l'on ait sur la Chine et la Tartarie à cette époque.

Jusqu'à l'année 1391, les fils de Saint-François, marchant sur les glorieuses traces de Montecorvino et de Pordenone, se succédèrent sans interruption et prêchèrent la parole divine dans toutes les provinces. Aussi le nombre des chrétiens s'élevait-il à 400.000 vers la fin du XIVᵉ siècle. Mais, à cette date, une révolution, pendant laquelle sombra la dynastie des Yuen, interrompit les communications avec l'Europe, empêcha l'arrivée de nouveaux missionnaires, et la brillante chrétienté, fondée par les Franciscains, dépérit peu à peu. Disparut-elle tout entière, emportée par les événements qui bouleversèrent la Chine au XVᵉ siècle ? On ne sait, mais toujours est-il que cette belle mission fut glorieusement reprise par les Jésuites au siècle suivant.

La suprême ambition de saint François Xavier avait toujours été de pénétrer en Chine, et c'est au moment où il débarquait sur une île tout proche de cet empire qu'il fut arrêté par la mort. En 1583, un autre enfant de Saint-Ignace, le P. Mathieu Ricci, aborde à Canton, fonde les églises de Tchao-Kin et de Tchao-tcheou. Ses connaissances de la langue chinoise et des mathématiques le rendirent célèbre auprès des lettrés et des mandarins. Mais le but qu'il poursuivait était de se présenter à la cour de Pékin, justement persuadé que s'il gagnait la confiance de l'Empereur, il serait plus facile aux missionnaires de prêcher la vraie religion dans toutes les Provinces. Après des efforts persévérants, le P. Ricci entre à Pékin le 4 janvier 1601, et se concilie la grâce du Souverain qui ordonna même que les Pères recevraient du trésor les sommes nécessaires à leur entretien.

Assuré de la protection du Prince, le P. Ricci profita de la curiosité des lettrés et de leur envie de connaître les sciences mathématiques et naturelles pour leur expliquer les vérités de la Foi et les amener au Christianisme. En 1605, la Mission comptait déjà plus de deux cents néophytes dont quelques personnages de marque, entre autres, les docteurs Léon Li, Michel Yang et Paul Siù, hommes d'une rare intelligence et d'un zèle incomparable. Ce sont eux qui prirent la plus grande part à la composition ou à la traduction des livres que les missionnaires publièrent pour les Chinois. Le P. Mathieu Ricci mourut en 1610, et, pour sa sépulture, l'Empereur accorda un terrain où l'on éleva un tombeau que l'on peut encore visiter aujourd'hui.

Les successeurs de Ricci, les Pères Longobardi, Adam Schall, Verbiest, Gaubil rendirent, chacun à son tour, durant près de deux siècles, les plus grands services à la science et à la religion. Leur vie héroïque, au milieu de persécutions sans cesse renaissantes, fut parfois récompensée par de glorieuses conversions : une impératrice, en 1648, la mère d'un empereur et plusieurs membres de la famille impériale embrassèrent la foi du Christ ; l'empereur Kang-hi, dans des pièces officielles, fit l'éloge du christianisme ; les légats du Pape furent accueillis à la cour avec des honneurs extraordinaires.

Les faveurs, dont quelques savants religieux jouissaient à la cour du Souverain, profitaient à tous les missionnaires. Les Jésuites étaient répandus dans toutes les Provinces et avaient de belles églises à Fou-tcheou, Ning-po, King-tcheou et bien d'autres villes. Les Franciscains évangélisaient le Chan-si, les Dominicains le Fokien et les Missions étrangères de Paris le Se-Tchouan. Partout le succès répondait au zèle et aux efforts de ces vaillants apôtres, qui, plus d'une fois, confirmèrent par le témoignage de leur sang la vérité de la parole qu'ils annonçaient. Aussi, vers le milieu du xviii° siècle, pouvait-on énumérer en Chine plus de 1.200 chrétientés et inscrire plus de 800.000 fidèles. Mais de tristes événements vinrent enrayer ces beaux mouvements de conversion. La suppression de la Compagnie de Jésus en 1773, les malheureuses querelles au sujet de la question des Rites, la persécution, la pénurie d'ouvriers apostoliques, tout sembla concourir pour amener la ruine de la foi dans ces vastes contrées ; de sorte que, au commencement du xix° siècle, le nombre des catholiques y était descendu à 202.000, partagés entre cinq missions : les Lazaristes à Pékin où ils avaient remplacé les Jésuites en 1774 ; les Franciscains, au Chan-si ; les Dominicains au Fo-kien ; les Missions étrangères de Paris au Se-Tchouan, et l'évêque portugais de Macao, de qui relevaient des prêtres chinois dans les provinces de Kouang-toung et de Kouang-si.

CHAPITRE PREMIER

LES LAZARISTES

Sept Vicariats apostoliques : Tche-li Nord (Pékin).— Tche-li Est. — Tche-li Sud-Ouest. — Tche-kiang. — Kiang-si Nord. — Kiang-si Sud. — Kiang-si Est.

En 1800, la situation des Lazaristes à Pékin était loin d'être favorable et elle ne fit que s'aggraver durant les années qui suivirent. Des quatre églises que les Jésuites y avaient élevées, l'une, celle du Si-t'ang (église de l'Ouest) fut démolie, en 1806, pendant la violente persécution amenée par la découverte des cartes géographiques que le P. Adéodat, religieux augustin, envoyait en Europe. Une autre, celle du Toung-t'ang (église de l'Est), la plus belle de Pékin, fut rasée en 1812 par ordre de l'empereur. La troisième, celle de Pé-t'ang (église du Nord), avec les édifices adjacents, siège de la mission française, fut confisquée et abattue en 1827. Les élèves du séminaire fondé par M. Ghislain durent s'enfuir en Mongolie dans le village de Si-ouan-dze. Enfin la quatrième, celle du Nan-t'ang (église du Sud), en 1838, à la mort de Mgr Pirès, seul missionnaire catholique, fut laissée avec tous les titres de propriété à l'archimandrite russe. On le voit, c'en était fait du catholicisme à Pékin, désormais sans église et sans pasteur, et dont le siège épiscopal demeura vacant jusqu'en 1848.

Mais à cette époque, Mgr Mouly, nommé par Pie IX vicaire apostolique du Tche-li, entreprend courageusement de relever la mission de ses ruines. En 1856, il obtient de la Propagande que son diocèse trop vaste soit divisé en trois : le Tche-li Nord et le Tche-li Ouest qui demeureraient aux Lazaristes et le Tche-li Sud-Est qui serait confié aux Jésuites. Les Filles de la Charité, amenées de France en 1847, étendent partout leur action bienfaisante et créent des hôpitaux, des dispensaires, des orphelinats et des écoles. Enfin, en 1860, après les victoires de l'armée anglo-française, Mgr Mouly reprend solennellement possession de sa cathédrale du Nan-t'ang par une cérémonie grandiose en présence des ambassadeurs de France et d'Angleterre. De 1860 à 1870, plusieurs nouvelles églises furent bâties, aucune peut-être avec plus de magnificence que celle de Notre-Dame des Victoires à Tien-tsin.

Cette dernière ville allait devenir le théâtre de sanglants événements. Les lettrés, avec la complicité des magistrats, répandirent les plus absurdes calomnies, les plus ridicules accusations de sortilèges contre les sœurs qui dirigeaient l'hôpital et l'orphelinat depuis neuf ans. La populace s'ameuta et le 21 juin 1870, le consul français à Tien-tsin, M. Fontanier, deux missionnaires, MM. Chevrier et Ou, dix Sœurs de la charité, cinq autres Français et trois Russes furent massacrés avec un raffinement qui excita l'horreur et l'indignation. Le consulat, l'église, l'hôpital et l'orphelinat, tout fut saccagé et livré aux flammes.

Aussitôt le représentant de la France à Pékin, M. de Rochechouart, demanda énergiquement le châtiment des coupables, les canonnières anglaises et françaises entrèrent dans le Pei-ho pour appuyer sa demande. Alors les autorités chinoises s'émurent, le prince Kong et les mandarins répondirent de la sécurité des missionnaires et des sœurs, une vingtaine des assassins de Tien-tsin subirent le dernier supplice et une large indemnité compensa les dommages matériels pour les étrangers laïques et pour la mission.

Une nouvelle période de tranquillité commença. Les sœurs revinrent à Tien-tsin plus nombreuses qu'auparavant et les édifices religieux y furent reconstruits. A l'est de Pékin, on éleva une nouvelle et grande église capable de contenir 2.000 personnes ; les orphelinats se multiplièrent au point d'abriter 2.000 enfants ; des écoles gratuites comptèrent 7 à 8.000 élèves. En 1883, les Trappistes s'établirent dans le Tche-li septentrional où leur Institut prit un rapide développement. En 1885, la question du Pé-t'ang fut définitivement réglée à la satisfaction de toutes les parties. Les ruines de l'ancienne église et tous les terrains qui l'environnaient étaient cédés à l'impératrice douairière comme emplacement du palais où elle fixerait sa résidence. En échange, les missionnaires obtenaient non loin de là un endroit convenable et l'argent nécessaire pour la construction d'une église. La première pierre de la nouvelle cathédrale y fut solennellement posée en présence de notre ambassadeur, de tout le corps diplomatique et du Tsongli-yamen. Achevée en 1888 et bénite le 9 décembre de la même année par Mgr Tagliabue, elle allait bientôt devenir célèbre dans l'univers entier.

Mais avant de raconter les émouvantes péripéties dont le nouveau Pé-t'ang va devenir le théâtre à la fin du XIXᵉ siècle, il est bon de faire connaître les travaux accomplis pour l'avancement de la science et le progrès de la religion. Le successeur de Mgr Tagliabue, Mgr Sarthou, prit surtout à cœur le développement de l'instruction publique dans son vicariat. La mission avait déjà deux collèges secondaires, l'un à Pékin même, l'autre à Tien-tsin. En 1891, les Frères Maristes de Saint-Genis-Laval, près Lyon, furent appelés à en prendre la direction. Ils leur imprimèrent rapidement une vie et un mouvement que ni l'un ni l'autre n'avaient encore connus. Celui de Pékin compta bientôt plus de 100 élèves, appliqués à l'étude des sciences et de la langue française.

On avait lieu de craindre que la guerre avec le Japon ainsi que les rapides et étonnantes victoires de celui-ci amèneraient des troubles dans l'empire chinois et que les chrétiens seraient en butte à de violentes persécutions ; il n'en fut rien, grâce à Dieu. Par reconnaissance pour les Puissances européennes qui avaient pris fait et cause pour elle, la Chine se montra plutôt bien disposée à leur égard et favorable aux catholiques.

Mais de sourdes conspirations se préparaient qui allaient menacer à la fois les étrangers, les chrétiens et la dynastie tartare régnante. Le 6 juillet 1898, quelques soldats indisciplinés qui avaient été appelés du Kan-sou sous le prétexte de chasser les Allemands de Kiao-tcheou, envahirent la Résidence située au nord de Pao-ting-fou, la saccagèrent et frappèrent violemment les domestiques et deux missionnaires qui l'habitaient. M. Plichon, notre ambassadeur, exigea une répression immédiate, et, par un accord intervenu entre les deux parties, la mission échangea sa Résidence contre l'ancien palais du Tao-tai. Mgr Favier et son fidèle coadjuteur M. Jarlin louèrent grandement l'attitude très correcte de toutes les autorités locales dans cette affaire.

Une plus terrible épreuve devait bientôt s'abattre sur les étrangers et sur les chrétiens, nous voulons parler de la fameuse insurrection des Boxers. De retour d'un voyage en France, Mgr Favier avait trouvé la face des choses entièrement changée. De nouveaux personnages exerçaient une influence dans

le palais et à la cour de Pékin. C'était le prince
Tuan, oncle de l'Empereur, le général Tong-Fou-
siang, venu du Kan-sou à la tête des troupes dont
nous avons déjà signalé les tristes exploits, et le se-
crétaire d'Etat Kang-yi. Dominés en tout par la
haine sauvage de l'étranger, ces trois hommes se
déclarèrent les protecteurs des sociétés secrètes et
en particulier de la plus redoutable de toutes, celle
des Boxers.

Les ambassadeurs des Puissances, sentant leurs
jours menacés, demandèrent du secours à leurs
gouvernements. L'Angleterre, l'Amérique, l'Allemagne, l'Italie, le Japon et la France envoyèrent
successivement des navires à l'entrée du Pei-ho.
Ces démonstrations navales ne firent qu'irriter les
Chinois. Dès les premiers jours de mai 1900, 70
chrétiens succombèrent égorgés ou brûlés vifs, à
80 kilomètres de Pékin. Mgr Favier, comprenant le
péril, demanda des marins au fort de Takou, pour la
protection commune des Etrangers et des Chrétiens.
Son vœu fut exaucé, mais à peine les quelques soldats européens étaient-ils arrivés aux légations
que le chancelier japonais qui se portait à leur
rencontre fut assassiné. L'ambassadeur d'Allemagne, M. de Ketteler, eut le même sort. C'était la
guerre ouverte, avec toutes les horreurs accoutu-
mées. Entourés d'une multitude ennemie, sans
communication avec le dehors, les ambassadeurs,
les missionnaires, tous les résidents étrangers,
6 ou 7.000 chrétiens indigènes allaient soutenir,
pendant deux mois, les uns aux légations, les autres
au Pé-t'ang, « le siège peut-être le plus plein de
mortelles angoisses que l'histoire ait enregistré (1). »

(1) Mgr FAVIER, *Les Missions catholiques françaises*, pu-
bliées par Piolet, t. I, p. 104.

Les légations d'Autriche et d'Italie, attaquées le 20 juin, durent être évacuées. Elles furent livrées aux flammes. Les légations japonaise, anglaise et française se préparèrent à une vive résistance. Criblées de projectiles, menacées continuellement d'être incendiées, elles n'avaient comme instrument de défense que deux mitrailleuses et deux canons de médiocre qualité, mais la mousqueterie y suppléait, et plus encore le courage et le sang-froid des officiers et des soldats. Déjà plus de la moitié des défenseurs était hors de combat, la population civile, femmes, enfants, plongée dans la mortelle inquiétude, dans les appréhensions d'un massacre avec tous les raffinements de la barbarie et de la perversité, allait bientôt manquer de vivres, quand dans le lointain on entendit la canonnade. C'étaient les troupes internationales qui arrivaient et avec eux la délivrance.

Au Pé-t'ang le siège se poursuivait avec la même vigueur, poussé à la fois par les Boxers et par les réguliers de l'armée chinoise. Mais si l'attaque fut acharnée, la défense fut merveilleuse. En effet, écrivait Mgr Favier, « que 2.500 projectiles d'artillerie, que plusieurs millions de cartouches, que toutes les fusées incendiaires, que tous les efforts et toute la rage de 8 à 10.000 Boxers ou réguliers chinois se soient épuisés en vain, pendant deux mois, contre de misérables bicoques sans autres défenseurs que 40 ou 50 hommes, ce n'est pas seulement un incomparable fait d'armes, c'est un prodige. Il serait paradoxal de vouloir l'expliquer par des causes uniquement naturelles. Du reste, si ni les missionnaires ni leurs fidèles n'ont désespéré, c'est qu'à tous les moments du siège, et même aux plus durs, ils se sont sentis protégés par quelque chose qui veillait sur eux. Les païens, la lutte une fois terminée, ont dit que souvent, pendant la nuit, ils avaient vu dans l'air une grande dame blanche et des soldats qui avaient des ailes. Dieu soit béni de tempérer par de telles preuves de son amour la plus cruelle de toutes les épreuves ! (1) »

Lorsque la ville fut tout entière aux mains des troupes internationales, on put apprécier l'étendue des dégâts et des pertes. Toutes les églises, chapelles, hôpitaux, écoles étaient détruits. Quatre Lazaristes avaient péri avec nombre de missionnaires indigènes et 7 à 8.000 chrétiens dans les provinces, tous morts en martyrs comme les héros des premiers siècles de l'Eglise.

Il fallait relever tant de ruines. On se mit à l'œuvre, et avec quelle rapidité et quel succès, on en jugera par la lettre suivante du 23 septembre 1903, écrite par M. Boscat, visiteur. « Je reviens du Nord : toutes nos missions y sont en état de grande prospérité. Notre jeune vicariat du Tche-li oriental (2) en particulier est tout en fermentation et en progrès... Et de Pékin que vous dire ? Les ruines ont disparu ou disparaissent. Notre Pé-t'ang en particulier est tout rajeuni et embelli. » Le collège des Frères Maristes, la maison-mère des Joséphines (sœurs indigènes), l'hôpital Saint-Vincent, l'église Saint-Sauveur, les séminaires, l'imprimerie, la résidence des missionnaires, tout est restauré, tout est reconstruit.

Dans le quartier des Légations, une belle église gothique, dédiée à saint Michel, a été élevée. Mais le Nan-t'ang, le Toung-t'ang et le Si-t'ang ne sont pas encore rebâties.

Terminons par des paroles encore plus conso-

(1) Mgr FAVIER, *Les Missions catholiques*, p. 118.
(2) Le Tche-li oriental a été détaché du Tche-li Nord en 1899.

lantes cet aperçu sur les trois vicariats du Tche-li.
Nous les empruntons à Mgr Favier, et elles sont
datées du 27 septembre 1904. « Mes espérances ont
été dépassées ; ce n'est pas neuf à dix mille baptêmes d'adultes que nous avons eus cette année,
mais bien plus de douze mille, ce qui porte le
nombre total des chrétiens de ce vicariat à près de
soixante mille, et il nous reste vingt-cinq mille bons
catéchumènes pour l'année prochaine. Ces résultats
merveilleux, nous les devons sans aucun doute à
nos martyrs de 1900. »

C'est en 1838 que le Saint-Siège remit aux Lazaristes le soin d'évangéliser le Tche-kiang et le Kiang-
si réunis en un seul vicariat. Auparavant et depuis
l'année 1705, les Vicaires apostoliques du Fo-kien
avaient administré ces deux provinces forcément
abandonnées et ayant beaucoup à souffrir de la disette de missionnaires. C'est ainsi qu'il n'y avait ni
établissements, ni séminaires, ni œuvre d'aucune
sorte. Tout était à créer. Les Lazaristes le firent
avec une rare constance. Mgr Rameaux, premier
évêque de cet immense vicariat, se mit à en visiter
les quelques chrétientés délaissées, fondant ici et là
des chapelles et ranimant partout la foi et la pra-
tique religieuse.

En 1846, le Kiang-si est séparé du Tche-kiang et
les deux vicariats restent confiés aux Lazaristes.

En 1879, le vicariat unique du Kiang-si est partagé en deux : Kiang-si méridional et Kiang-si septentrional. Enfin de ce dernier fut détaché en 1885 le
Kiang-si oriental.

Au Tche-kiang, le nombre des Chrétiens a passé
de 2.128 en 1855 à 4.183 en 1875, 12.597 en 1900,
15.552 au commencement de 1904. 63 Lazaristes
prêtres et 175 Filles de la Charité l'ont évangélisé.

Les villes principales où les missionnaires ont établi leurs postes les plus importants sont Ning-po, résidence du vicaire apostolique, Hang-tcheou, Ting-hai dans l'archipel de Chusan et Tso-fou-pang.

Le Kiang-si comptait 9080 chrétiens en 1852, mais les ravages des Tchang-mao ramenèrent leur nombre à 6.000. En 1870 ce nombre était déjà remonté à 7.288. En 1900, les fidèles baptisés étaient 5.071 dans le Kiang-si septentrional, 5.500 dans le Kiang-si méridional et 10.038 dans le Kiang-si oriental.

Outre les sept vicariats dont nous venons de parler et que les Lazaristes conservent encore aujourd'hui, ils ont de plus évangélisé, au XIXe siècle, durant une période plus ou moins longue d'années, plusieurs autres missions dont il serait injuste de ne rien dire : le Ho-nan de 1842 à 1867 ; le Hou-pé de 1819 à 1839, c'est même dans la capitale de cette province, à Ou-tchang-fou, que deux illustres martyrs, aujourd'hui déclarés Bienheureux, subirent la peine capitale, le Bienheureux Clet, en 1820, et le Bienheureux Perboyre en 1840 ; le Kiang-nan de 1837 à 1856 ; la Mongolie de 1800 à 1866. Mais de jeunes congrégations envoyant leurs membres les plus zélés grossir les rangs des apôtres de la Chine, les Lazaristes ramassèrent peu à peu leurs forces par trop dispersées, les concentrèrent et abandonnèrent aux jeunes recrues le soin d'opérer des moissons abondantes là où ils avaient préparé le terrain en l'arrosant de leurs sueurs et parfois de leur sang.

Voici maintenant l'état actuel de chacun des vicariats évangélisés par les Prêtres de la Mission.

Dans le TCHE-LI NORD (Pékin), on comptait, au 15 août 1904, sur une population païenne d'environ 12 millions d'habitants, 59.016 chrétiens, 2 évêques, 39 prêtres Lazaristes dont 27 européens et 12 indigènes, 35 prêtres séculiers, 63 trappistes, 18 Frères Maristes, 44 Filles de la Charité, 78 Sœurs de Saint-Joseph (indigènes), 950 catéchistes ; 44 grandes églises et 273 chapelles publiques, 711 chrétientés, 39 Résidences de missionnaires, 3 séminaires avec un total de 185 élèves, 4 hôpitaux, 4 dispensaires, 10 orphelinats, 9 collèges et 450 élèves, 148 écoles de garçons et 2.571 élèves ; 115 écoles de filles et 1.985 enfants.

Le TCHE-LI SUD-OUEST renfermait à la fin de 1903, sur un nombre d'environ 8.000.000 de païens, 34.832 catholiques, 1 évêque, 19 prêtres Lazaristes dont 13 européens et 6 indigènes, 13 prêtres séculiers, 21 religieux de la Congrégation de Saint-Paul (indigènes), 9 Filles de la Charité, 49 sœurs de Saint-Joseph, 507 catéchistes ; 48 grandes églises, 260 chapelles publiques, 478 chrétientés, 9 résidences de missionnaires, 2 séminaires et 67 élèves, 1 hôpital, 2 dispensaires, 6 orphelinats, 2 collèges et 171 élèves, 81 écoles de garçons et 1.073 enfants, 57 écoles de filles et 355 élèves.

Le TCHE-LI EST renferme environ 5.000.000 de païens et 3.639 catholiques, 1 évêque, 5 prêtres Lazaristes, tous européens, et 2 prêtres séculiers, 3 sœurs de Saint-Joseph, 40 catéchistes ; 1 église, 10 chapelles publiques, 53 chrétientés, 4 Résidences de missionnaires, 1 séminaire et 12 séminaristes, un orphelinat, 1 collège et 12 élèves, 6 écoles de garçons et 63 enfants, 6 écoles de filles et 74 élèves.

Le TCHE-KIANG a une population païenne de 25.000.000 d'habitants et seulement 15.552 catholiques, 1 évêque, 33 prêtres Lazaristes dont 19 européens et 14 indigènes, 4 prêtres séculiers, 39 Filles de la Charité, 36 Vierges du Purgatoire, 189 catéchistes ; 15 grandes églises, 121 chapelles publiques, 206 chrétientés, 17 Résidences de missionnaires, 2 séminaires et 39 séminaristes, 4 hôpitaux, 6 dispensaires, 15 orphelinats, 52 écoles de garçons et 964 élèves, 22 écoles de filles et 941 enfants.

Le KIANG-SI NORD avait, toujours à la fin de 1904, 10.000.000 de païens et 7.140 catholiques, 2 évêques, 16 prêtres Lazaristes dont 3 indigènes, 4 prêtres séculiers chinois et 3 prêtres séculiers français, 5 Frères Maristes, 26 Filles de la Charité, 90 catéchistes ; 17 grandes églises, 58 chapelles publiques, 190 chrétientés, 12 Résidences de missionnaires, 1 séminaire et 10 élèves, 3 hôpitaux, 6 dispensaires, 4 orphelinats, 31 écoles de garçons et 757 élèves, 18 écoles de filles et 799 enfants.

Le KIANG-SI EST compte 8.000.000 de païens et 13.970 catholiques. Il y a 1 évêque, 15 prêtres Lazaristes dont trois indigènes, 8 prêtres séculiers, 5 Filles de la Charité, 177 catéchistes ; 4 grandes églises, 31 chapelles publiques, 290 chrétientés, 25 Résidences ou stations de missionnaires, 2 séminaires et 31 séminaristes, 1 hôpital, 3 dispensaires, 13 orphelinats, 33 écoles de garçons et 566 élèves, 34 écoles de filles et 944 enfants.

Le KIANG-SI SUD contient 10.000.000 de païens et 6.000 catholiques. Il a un évêque, 10 prêtres Lazaristes dont un indigène, 6 prêtres séculiers, 5 Filles de la Charité, 12 Vierges de Sainte-Anne, 29 catéchistes ; 12 églises, 7 chapelles publiques, 150 chrétientés, 19 Résidences de missionnaires, 2 séminaires et 30 séminaristes, 1 hôpital, 1 dispensaire, 3 orphelinats, 23 écoles de garçons et 320 élèves, 11 écoles de filles et 250 enfants.

Quand nous aurons parlé de la procure que les Prêtres de la Mission ont à Shang-hai et du vaste hôpital que 38 Filles de la Charité y dirigent, donnant tout leur soin à 1.842 hommes et à 650 femmes, nous aurons passé en revue tous les travaux auxquels se livrent les enfants de saint Vincent de Paul.

Le tableau suivant nous les rappellera :

	Païens	Catholiques	Prêtres	Eglises et chapelles	Ecoles
Tche-li Nord (Pékin).	12.000.000	59 016	76	317	263
Tche-li Sud-Ouest .	8.000.000	34.832	33	308	138
Tche-li Est	5.000.000	3.639	8	11	12
Tche-kiang	25.000.000	15.552	38	136	74
Kiang-si Nord . .	10.000.000	7.140	23	75	49
Kiang-si Est. . . .	8.000.000	13.970	24	35	67
Kiang-si Sud . . .	10.000.000	6.000	17	19	34
Totaux	78.000.000	140.149	219	901	637

CHAPITRE II

LES JÉSUITES

Deux vicariats apostoliques : Tche-li Sud-Est et Kiang-nan.

I

Tche-li Sud-Est.

En 1856, un décret de la Propagande divisait la province de Tche-li en trois vicariats et en attribuait un à la Compagnie de Jésus. Immédiatement, le R. P. Adrien Languillat, depuis plusieurs années missionnaire au Kiang-nan, partit pour prendre possession du territoire confié à son apostolat. Sacré évêque au mois de mars 1857, il choisit comme

centre provisoire de la nouvelle mission Tchao-kia-
tchoang dans le Weihien. Les premières années
furent très pénibles : les difficultés matérielles d'une
première installation, la mort de plusieurs missionnaires nouvellement débarqués, semblaient rendre
les premières conversions impossibles. Enfin, il fut
décidé qu'on changerait le siège principal de la
Mission. Tchang-kia-tchoang fut choisi, quelques
chambres y furent bâties et le 3 décembre 1863
Mgr Languillat y posait la première pierre de l'Eglise
du Sacré-Cœur.

Au printemps de 1865, Mgr Dubar fut nommé
vicaire apostolique et le P. Gonnet Supérieur de la
Mission. Les ouvriers, quoique peu nombreux, tra-
vaillaient généreusement. Dieu bénissait leurs labeurs,
aussi les *Annales de la Propagation de la Foi*
pouvaient-elles rendre à la jeune mission ce beau
témoignage : « La diffusion de la foi y est chaque
année en progrès. » Le nombre des chrétiens avait
en effet passé de 9.500 en 1856 à 13.000 en 1865.

Cependant la persécution éclata par suite de la
révolte des Tchang-mao. Pendant presque un an,
leurs bandes parcourent une bonne partie de la province, semant sur leur passage l'épouvante et la dé-
vastation. Le 23 février 1868, ils attaquèrent Hien-
hien, massacrèrent le sous-préfet et se présentèrent
ensuite à la Résidence des Pères ; trois heures durant, tout fut mis au pillage. Mgr Dubar, à l'église,
où femmes et enfants se pressaient entassés, vit souvent le glaive des bandits levé sur sa tête et la lance
dirigée contre sa poitrine. Enfin Dieu exauça ses
prières et ne permit pas qu'aucune femme eût à
souffrir de l'insolence des brigands. Mais on était
dépouillé de tout. Les missionnaires allèrent quelque
temps chercher asile dans les vicariats voisins.

Les révoltés partis pour d'autres exploits, on releva les maisons ruinées et sept années de paix et de prospérité succédèrent à la tempête. Le nombre des catholiques monta de 20.000 en 1871, à 28.000 en 1877.

Mais, cette même année, une cruelle famine survint, bientôt suivie de maladies épidémiques. Le typhus, entre autres, fit de nombreuses victimes et contraignit plusieurs chrétiens à se réfugier sous un ciel plus clément. Le premier qui succomba aux atteintes du fléau fut le Supérieur de la Mission, puis trois Pères et le Frère infirmier qui avait soigné plus de 300 malades. Enfin ce fut le tour de Mgr Dubar lui-même, qui mourut également frappé. Il ne restait guère plus que quatre religieux valides, quand de nouveaux renforts arrivèrent de France et comblèrent les vides. Les œuvres furent reprises et avec succès. En 1884, il y avait 33.000 chrétiens, 41.000 en 1894, 49.000 en 1899.

Mgr Bulté avait recueilli la succession de Mgr Dubar et donné un vigoureux élan à toutes les œuvres de zèle et d'évangélisation. Chaque année le baptême était conféré à un millier de païens environ, les catéchumènes augmentaient et les écoles étaient prospères. Mais de terribles épreuves allaient arrêter ces progrès consolants, et la révolte des Boxers devait ravager le Tche-li Sud-Est plus que toute autre province de l'empire.

Le mouvement de rebellion partit du Chan-toung et remonta vers le nord. Tout chrétien chinois rencontré était sommé d'apostasier, s'il refusait, il était massacré. Un vieillard de 80 ans fut lié nu à un arbre, percé de trois flèches et, après une demi-journée de souffrances, on l'acheva en lui ouvrant le ventre, sa femme fut coupée en morceaux. Des martyres semblables, aussi cruels et aussi héroïquement supportés, se compteraient par milliers. Au plus fort de ces horreurs, arriva un ordre de l'Impératrice de laisser faire, avec la nouvelle officielle qu'elle prenait sous son patronage le recrutement des Boxers.

Dès lors, les missionnaires européens eux-mêmes furent en danger. Au mois de juin 1900, les Pères Isoré et Andlauer étaient massacrés à Ou-i, les Pères Denn et Mangin à Tchou-kia-ho. Avec eux périrent dans cette ville 2.600 chrétiens, tandis que les femmes étaient enlevées de force et conduites on ne sait où. De pareilles scènes d'épouvante et de carnage se renouvelèrent dans toute la mission : villages pillés et incendiés, fidèles et catéchumènes massacrés. Mgr Bulté, incapable de survivre à la mort sanglante de ses enfants, expira le 14 octobre 1900. Son successeur, Mgr Maquet, écrivait après l'orage : « Aujourd'hui, il reste à peine 4 ou 5 chrétientés debout ; nos œuvres sont détruites. En apparence tout semble perdu. »

Cependant le vaillant ouvrier ne se laissa point abattre et, le 18 août 1903, il pouvait écrire : « Nous avons pu reconstruire 19 églises, 34 chapelles. Il ne nous reste plus que 194 postes à pourvoir ; mais nous espérons que les ruines accumulées par les Boxers seront bientôt réparées complètement. De plus, si la paix continue à s'affermir nous verrons le nombre de nos chrétiens surpasser celui que nous avions avant les troubles. »

Voici maintenant l'état de la mission à la fin de 1904.

Le *Tche-li Sud-Est* renferme une population païenne de 7 millions d'habitants et comprend 52.257 catholiques. Il a 1 évêque, 65 prêtres dont 18 chinois, 821 catéchistes, 273 églises ou chapelles publiques, 2 séminaires et 72 séminaristes, 4 collèges et 393 élèves, 15 dispensaires, 5 orphelinats,

254 écoles de garçons et 4.078 élèves, 26 0 écoles de filles et 3.275 enfants.

Le nombre des baptêmes d'adultes a été cette année de 3.396. Jamais encore le chiffre de 3.000 n'avait pu être atteint. Le voilà dépassé, et ce seul fait en dit long sur les travaux et les consolations des missionnaires.

II

Le Kiang-nan.

Le Kiang-nan comprend deux provinces de la Chine : le Ngan-hoei à l'Ouest et le Kiang-sou à l'Est. C'est la partie de l'empire à la fois la plus riche et la plus peuplée, c'est aussi celle où les catholiques sont le plus nombreux. Evangélisée par des religieux au xvii° et au xviii° siècle, elle eut ses martyrs : le Bienheureux Sanz et ses compagnons, dominicains, en 1747, le Vénérable Henriquez et ses compagnons, jésuites, en 1748. Depuis la suppression de la Compagnie de Jésus jusqu'en 1840, l'Eglise de Kiang-nan fut administrée par un clergé indigène fort peu nombreux, secondé par quelques Lazaristes, et le plus bel éloge qu'on en peut faire à cette époque, c'est qu'avec une telle pénurie de missionnaires, elle ait conservé sa foi.

En 1835, M. Louis de Besi, que la Propagande avait envoyé en Chine, fut prié par Mgr Pirès, alors résidant à Pékin, d'être le Supérieur de toute la vaste mission qui avait autrefois relevé du diocèse de Nan-king. Consacré évêque, il demanda des Jésuites au cardinal Franzoni. Le R. P. Roothaan désigna les Pères Gotteland, Brueyre et François, qui s'embarquèrent le 28 avril 1840 et arrivèrent le

23 septembre aux Philippines. De là, un vaisseau hambourgeois les transporta à Macao, l'unique port du céleste empire qui fut alors ouvert aux Européens.

Le désir du P. Gotteland était de fournir des auxiliaires à tous les vicaires apostoliques de la Chine. Mais après différents travaux heureusement accomplis au Honan, au Chan-toung et dans le Tche-li, après des essais d'évangélisation en Corée, et, des espérances un moment fondées d'aller au Japon, les Jésuites durent rester au Kiang-nan, et les événements préparaient la ville de Chang-hai à devenir le centre de leur action. En 1853, une grande église s'ouvrait près de cette ville à Tong-kia-tou, et le séminaire fondé dix ans auparavant par le P. Brueyre à Tsang-pou-kiao y était transporté. En 1849, des pluies continuelles et des inondations ayant amené une grande disette, les Pères recueillirent un peu partout une multitude d'enfants abandonnés, ce fut l'origine de l'orphelinat de Zi-ka-wei. De plus, ils admirent là, dans leur résidence, quelques jeunes garçons qui désiraient étudier, ce fut l'origine du collège. Enfin, en 1856, le diocèse de Nankin fut supprimé, et la Sacrée Congrégation érigea, à sa place, le vicariat apostolique du Kiang-nan qui resta seul désormais confié aux Jésuites et dont le premier évêque fut Mgr Borgniet.

Les huit années de son administration furent huit années de malheur ; presque toutes les chrétientés furent ravagées par la guerre, seule la ville de Chang-hai fut respectée par le fléau. Le conflit entre la Chine et les Puissances européennes (1857-1860) déchaîna la guerre civile au Kiang-nan. Le général Cousin-Montauban, tout en restant neutre entre les rebelles et la dynastie régnante, avait décidé que Chang-hai serait protégé. Les rebelles, impuissants contre la ville, se répandirent alors dans les campagnes, brûlant, détruisant les chapelles, dispersant les Chrétiens. Le 17 août 1860, le P. Louis Massa était tué avec plusieurs orphelins et le P. Vuillaume, en 1862, périssait, également massacré. Les missionnaires, échappés aux coups des barbares révoltés, étaient guettés par le terrible typhus et seize d'entre eux succombèrent en moins de trois ans (1862-1864). Enfin, le 31 juillet 1862, Mgr Borgniet avait expiré, emporté par une attaque foudroyante de choléra.

Son successeur, Mgr Languillat, que nous avons déjà vu évêque au Tche-Li Sud-Est et qui avait été rappelé au Kiang-nan, n'y trouva que des ruines. Son premier soin fut de les relever. Puis, étendant ses projets d'apostolat il fonda également des stations dans les deux grandes villes de l'Ouest, Nankin et Nyan-King, d'où quelques missionnaires semaient le bon grain en des terres jusque-là incultes. Il introduisit en Chine les Auxiliatrices du Purgatoire et les Carmélites, puis mourut en 1878.

Le nombre des Chrétiens avait successivement passé de 40.000 en 1856, à 71.000 en 1865 et à 95.000 en 1880. Mais c'est surtout pendant les vingt années de l'épiscopat de Mgr Garnier (1879-1898), que les œuvres prirent un grand développement. Plus de 300 chrétientés nouvelles furent créées. Partout on rencontrait les mêmes obstacles et le même dénouement final. A l'arrivée du missionnaire dans une ville, une émeute était organisée par les païens, le Père était blessé, puis le mandarin chinois, jouant le rôle de libérateur, faisait soigner la victime et la reconduisait, une fois rétablie, hors de la ville. Le missionnaire revenait et sa persévérance finissait par triompher.

En 1889, un parti chinois, très hostile aux Européens, le parti des *Ko-lao-hoei*, commença la série d'incendies contre les établissements étrangers, qui ne devait s'arrêter qu'en 1891. Deux chapelles furent brûlées dans le Ning-kouo-fou, six dans les chrétientés voisines de Tan-yang, vingt autour de Ou-si et trois près de Jou-kiao. Mais grâce à l'énergie des Européens établis en Chine, grâce surtout à l'appui de deux navires de guerre, l'*Aspic* et la *Triomphante*, les mandarins arrêtèrent les excès des Ko-lao-hoei et indemnisèrent les missionnaires. Les 30 ou 40 chapelles furent rebâties, et les œuvres de Dieu s'y continuent depuis, fécondées par la persécution.

Voici quel était, à la fin de 1904, l'état de la mission du Kiang-nan. Sur une population de 50.000.000 d'infidèles on trouvait 138.844 chrétiens, 1 évêque, 187 jésuites dont 130 prêtres, parmi lesquels 23 indigènes, 27 prêtres séculiers, 24 Frères Maristes, 23 religieux de la congrégation chinoise de la Mère de Dieu, 32 Carmélites dont 20 indigènes, 90 auxiliatrices du Purgatoire dont 31 indigènes, 36 Sœurs de Saint-Vincent de Paul, 169 Présentandines toutes indigènes, 7 petites Sœurs des pauvres ; 1.180 églises ou chapelles, 2 séminaires, 47 orphelinats, 8 hôpitaux, 1.108 écoles où sont élevés 14.508 enfants chrétiens et 7.829 enfants païens.

Si l'on veut d'un coup d'œil connaître les résultats des travaux accomplis par les Jésuites dans leurs deux vicariats, le tableau suivant nous les montrera :

	Païens	Chrétiens	Prêtres	Eglises et chapelles	Ecoles
Tche-li Sud-Est.	7.000.000	52.257	65	273	514
Kiang-nan. . .	50.000.000	138.844	157	940	1.108
Totaux . .	57.000.000	191.101	222	1.213	1.622

CHAPITRE III

LES FRANCISCAINS

Neuf vicariats apostoliques : Chan-toung Nord. — Chan-toung Est. — Chen-si Nord. — Chan-si Nord. — Chan-si Sud. — Hou-nan Sud. — Hou-pé Nord-Ouest. — Hou-pé Est. — Hou-pé Sud-Ouest.

Dès que les Portugais eurent trouvé pour aller en Chine des chemins tout nouveaux, les fils de Saint-François, jaloux de marcher sur les traces de leurs devanciers du Moyen Age, se hâtèrent de rentrer dans leur héritage, et s'établirent, vers 1633, dans les provinces centrales de la Chine, où ils sont demeurés, en dépit des persécutions.

En 1800, nous trouvons dans cette partie du Céleste Empire un seul vicariat, le vicariat du Hou-kouang, Chan-si et Chen-si, uniquement desservi par les Franciscains et renfermant 40.000 catholiques. En 1838, il fut partagé en deux : Hou-kouang d'une part, Chan-si et Chen-si réunis de l'autre. En 1843, le Chan-si fut détaché du Chen-si et forma un troisième vicariat, confié, comme les deux autres, aux Franciscains.

En 1856, le Hou-kouang, à son tour, forma le Hou-nan et le Hou-pé. Les quatre vicariats des Missions franciscaines comptaient, la même année, 50.000 catholiques.

En 1876, le Hou-pé fut subdivisé en trois : Hou-pé septentrional, oriental et méridional, et les Francis-cains pouvaient se glorifier, à la même époque, de compter 57.702 catholiques dans leurs différentes missions.

En 1879, c'est le Hou-nan qui est subdivisé en deux : le Hou-nan méridional et le Hou-nan septentrional. Ce dernier fut remis aux soins des Pères Augustins espagnols de Manille, que nous voyons pour la première fois posséder un Vicariat dans l'empire Chinois.

Vers la fin du siècle dernier, les conversions augmentent dans une proportion plus considérable et la nécessité s'impose de multiplier le nombre des évêques et des vicariats apostoliques. En 1887, le Chen-si est divisé, formant le Chen-si septentrional dont les Franciscains gardèrent la charge et le Chen-si méridional dont l'apostolat fut remis aux Prêtres du séminaire romain des saints Pierre et Paul.

En 1890, le Chan-si forma deux vicariats nouveaux, Chan-si septentrional et méridional.

Mais quelle que fût l'étendue des territoires confiés par l'Eglise à la sollicitude des Pères Franciscains, là ne devaient pas se borner leur zèle et leur activité.

Au commencement du xixᵉ siècle, le Chan-toung, l'une des provinces les plus intéressantes de l'Empire du Milieu, par sa forme péninsulaire qui lui donne une très grande frontière maritime et par son histoire religieuse qui en fait la patrie de Confucius (Koun-fou-tzeu) et de nombreux lettrés, poètes et savants, le Chan-toung n'avait été néanmoins que rarement visité soit par des Lazaristes venus du Tche-li, soit par des prêtres indigènes. En 1839, Grégoire XVI l'érigea en vicariat et y appela les enfants de Saint-François d'Assise. Mgr de Besi en fut le premier évêque. Il eut pour successeur Mgr Louis de Castellazo et Mgr Cosi. Ce dernier gouverna la Mission jusqu'en 1884, aimé comme un père, respecté de tous, même des païens. Après sa mort, en 1885, le Vicariat fut divisé en deux : Chan-toung septentrional et Chan-toung méridional. Ce dernier fut donné à une nouvelle Congrégation de prêtres allemands élevés et formés au séminaire de Steyl, en Hollande. Enfin, le 22 février 1894 le Chan-toung septentrional fut divisé en deux Vicariats, septentrional et oriental.

Jusqu'en ces dernières années, les missionnaires franciscains faisaient partie des divers Vicariats de la Chine, sans distinction de nationalité. Récemment le Hou-pé méridional a été confié aux Franciscains belges, le Chan-si méridional aux Franciscains hollandais, le Chan-toung oriental aux Franciscains français, les autres Vicariats sont évangélisés par des Religieux de diverses nations, la plupart italiens.

La persécution et le martyre, ces deux hautes sanctions de toutes les œuvres divines, n'ont pas été épargnés aux missionnaires. En 1816, le bienheureux Jean de Triora souffrit la mort au Chan-si. Le 11 décembre 1898, dans le Hou-pé méridional, le P. Victorin Delbrouck endura des tortures indicibles pendant cinq jours. Avec lui furent martyrisés quatre-vingt-trois chrétiens.

A la fin du siècle dernier, des maux plus épouvantables encore s'abattirent sur ces laborieuses Missions et les menacèrent d'une ruine irréparable. Au Chan-toung, en quelques jours, plus de 360 chrétientés furent complètement dévastées par la secte des Grands Couteaux. Tout fut ravagé : églises, résidences, maisons particulières, ustensiles. Ce qui ne put être ni brûlé, ni volé, fut détruit.

Sur ces entrefaites, l'indigne organisateur de ces désordres, le féroce Yu-shien, était transféré du Chan-toung au Chan-si septentrional et ordonnait le massacre dans toute la Mission. L'évêque, Mgr Grassi, son coadjuteur, Mgr Fogolla, 2 prêtres français, 7 Religieuses franciscaines furent d'abord emprisonnés, puis exécutés par ordre des autorités chinoises, et le barbare Yu-shien enfonça lui-même le poignard dans la poitrine des deux évêques.

Des épreuves non moins terribles accablèrent le Hou-nan méridional. Cette province avait toujours nourri une aversion particulière pour les Européens, aussi à peine les premiers cris de mort eurent-ils retenti dans l'Empire, que les missionnaires cherchèrent une retraite à l'abri du danger. Mais bientôt, apprenant que les chrétiens étaient molestés à leur sujet, Mgr Fantosati et ses frères revinrent les protéger. L'évêque implora la justice du mandarin. Celui-ci l'accueillit avec toutes les marques du respect le plus bienveillant, mais eut soin de diriger les émeutiers vers le malheureux prélat. Maîtres de sa personne, ils lui arrachèrent les deux yeux, puis ils l'empalèrent. Deux missionnaires trouvèrent la mort avec leur évêque ainsi que plusieurs fidèles.

Le calme rétabli, le Gouvernement chinois, sous la pression des ministres Européens à Pékin, se hâta de convenir que les prisons où les martyrs avaient langui seraient converties en monument expiatoire, et que sur le théâtre de leur glorieuse mort on placerait une inscription pour perpétuer le souvenir des victimes. C'était, hélas ! l'unique réparation possible. Elle ne devait pas néanmoins mettre fin aux massacres. Le 20 juillet 1904, une dépêche de Chine annonçait le meurtre de Mgr Verhaegen, 2 prêtres et 3 chrétiens, dans le Hou-pé méridional. Puisse enfin la liste des martyrs être close cette fois, et la divine Providence marquer pour un temps prochain la conversion des païens sur cette terre si ingrate aux apôtres de l'Evangile. Ces derniers ont déjà tant à souffrir de la pauvreté, de la famine et des maladies sous un climat qui n'est pas celui de la patrie !

Voici quel était vers la fin de 1904 l'état des missions franciscaines :

CHEN-SI NORD : Sur une population païenne de 7.000.000 d'hommes, on comptait 22.050 catholiques. Il y avait 1 évêque, 20 missionnaires européens italiens, 18 prêtres séculiers, 15 religieuses franciscaines, 347 catéchistes ; 169 églises ou chapelles, 1 séminaire et 26 séminaristes, 1 collège et 30 élèves, 4 hôpitaux, 2 orphelinats et 318 orphelins, 49 écoles et 1.956 élèves.

CHAN-SI NORD : Sur 6 millions de païens on rencontrait 15.412 catholiques, 1 évêque, 17 missionnaires italiens, 13 prêtres indigènes, 40 Vierges tertiaires de Saint-François , 26 églises ou chapelles, 2 séminaires et 22 séminaristes, 5 orphelinats et 1.300 enfants, 50 écoles de garçons et 600 élèves, 45 écoles de filles et 300 enfants.

CHAN-SI SUD : Sur 6 millions de païens on trouvait 11.197 catholiques, 1 évêque, 22 missionnaires allemands, 5 prêtres indigènes ; 100 églises ou chapelles, 2 séminaires et 17 séminaristes, 76 écoles avec 1.883 garçons et 1.331 filles.

HOU-NAN SUD : Sur une population de 10.000.000 de païens, on comptait 5.719 catholiques, 1 évêque, 12 missionnaires italiens, 7 prêtres indigènes, 120 Vierges tertiaires de Saint-François, 43 catéchistes ; 16 églises ou chapelles, 1 séminaire et 8 élèves, 3 orphelinats et 201 orphelins, 4 écoles de garçons et 61 élèves, 3 écoles de filles et 20 enfants.

HOU-PÉ NORD-OUEST : Population païenne 6.000.000, catholiques 14.406, 1 évêque, 15 missionnaires européens, 8 prêtres indigènes, 24 Vierges tertiaires de Saint-François, 32 catéchistes ; 68 églises ou chapelles, 1 séminaire et 8 séminaristes,

1 collège et 10 élèves, 5 orphelinats et 1.074 enfants, 24 écoles où sont instruits 941 enfants.

HOU-PÉ ORIENTAL : Population païenne 16.000.000, catholiques 21.204, 1 évêque, 27 missionnaires européens et 19 prêtres indigènes, 21 religieuses sœurs Canossiennes ; 98 églises ou chapelles, 1 séminaire et 20 séminaristes, 3 orphelinats et 960 enfants, 28 écoles avec 7.303 garçons et 330 filles.

HOU-PÉ SUD - OUEST : Population païenne 9.000.000, catholiques 6.446, 1 évêque, 32 missionnaires belges et 8 prêtres indigènes, 38 églises ou chapelles, 1 séminaire et 25 séminaristes, 6 orphelinats et 298 enfants, 14 Sœurs franciscaines missionnaires de Marie, 12 écoles de garçons et 440 élèves, 6 écoles de filles et 346 enfants.

CHAN - TOUNG NORD : Population païenne 12.000.000, catholiques 17.993, 1 évêque, 18 missionnaires européens et 17 prêtres indigènes, 41 Vierges indigènes, tertiaires de Saint-François, 81 catéchistes pour instruire les catéchumènes, et 472 pour diriger les chrétientés, 134 églises ou chapelles, 2 séminaires et 31 élèves, 170 écoles et 2.043 enfants, garçons et filles, 3 orphelinats et 201 enfants.

CHAN - TOUNG EST : Population païenne 9.000.000, catholiques 9.800, 1 évêque, 12 missionnaires français et 3 prêtres indigènes, 30 Sœurs franciscaines missionnaires de Marie ; 145 églises ou chapelles, 1 séminaire et 46 séminaristes, 4 orphelinats et 235 enfants, 2 hôpitaux, 40 écoles et 481 élèves.

Le tableau suivant nous mettra sous les yeux l'état des missions franciscaines en Chine à la fin de 1904.

	Païens	Catholiques	Prêtres	Églises	Écoles
Chen-si Nord	7.000.000	22 050	38	169	49
Chan-si Nord	6.000.000	15.412	80	161	95
Chan-si Sud. . . .	6.000.000	11.197	27	100	76
Hou-nan Sud . . .	10.000.000	5.719	19	16	7
Hou-pé Nord-Ouest .	6.000.000	14.406	23	68	24
Hou-pé Est	16.000.000	21.204	46	98	28
Hou-pé Sud-Ouest .	9.000.000	6.446	30	38	18
Chan-toung Nord . .	12.000.000	17.993	35	134	170
Chan-toung Est .	9.000.000	9 800	15	145	40
Totaux	81.000.000	124.227	263	929	507

A la voix du Saint-Siège, et sur les instances réitérées du Ministre Général des Frères Mineurs Observantins, plusieurs Congrégations ont envoyé en Chine leurs enfants les plus dévoués pour suppléer au défaut d'ouvriers évangéliques. Ainsi, le 19 septembre 1879, par un décret de la Propagande, les Religieux *Augustins* espagnols furent-ils appelés au *Hou-nan septentrional* où ils ne trouvèrent qu'un très petit nombre de catholiques. Encore, aujourd'hui, après 25 ans d'apostolat, ce nouveau vicariat ne compte-t-il que 215 fidèles baptisés et quelques catéchumènes. D'ailleurs voici quelle était sa situation en 1902. Population païenne 10.000.000, catholiques 215, 1 évêque, missionnaires européens 6, prêtres indigènes 2, églises ou chapelles 5, 3 écoles dont 2 pour les garçons. L'évêque est Mgr Luis Perez y Perez, de l'Ordre des Augustins.

Le *Chen-si méridional*, détaché lui aussi des Missions franciscaines, forme, depuis 1885, un vicariat évangélisé par les prêtres du séminaire pontifical romain de la via Toscana, créé en 1874 par le Pape Pie IX « Notre vicariat, écrivait en 1890

Mgr Antonucci, est privé de toutes les fondations indispensables pour faire le bien, point de résidence spéciale où les missionnaires malades pourraient recevoir les soins exigés par leur état, point de séminaire, point d'orphelinat, point de collège, point d'hôpital. » 15 missionnaires européens et 3 prêtres indigènes donnaient alors leur soin aux 10.000 fidèles que le Seigneur s'était choisis au milieu de 5 millions de païens qui peuplent cette partie de la Chine. Et en 1897, faute de prêtres et faute d'argent, une bonne moitié de ce vicariat n'avait pas encore pu être évangélisée. En 1900, la persécution le visita, elle y moissonna la vie de 20 chrétiens et de 1 missionnaire, prémices du séminaire de saint Pierre et saint Paul. Voici quel était, en 1902, l'état de la mission. Sur une population de 5.000.000 de païens, on comptait 10.200 catholiques, 1 évêque, 15 missionnaires européens, 3 prêtres indigènes, 8 Sœurs Canossiennes ; 53 églises ou chapelles, 1 séminaire et 12 séminaristes, 2 collèges et 90 élèves, 2 orphelinats et 198 enfants, 2 hôpitaux et 72 écoles.

Lorsque, en 1885, le *Chan-toung*, jusque-là régi par les Franciscains, fut divisé en deux vicariats, septentrional et méridional, ce dernier fut confié à la Société des Missions étrangères allemandes, récemment fondée et établie à Steyl, en Hollande. Il était composé des trois préfectures civiles de Yen-tcheou-fou, Yi-tcheou-fou et Tsao-tcheou-fou et d'une sous-préfecture. Mgr Anzer en fut le premier prélat. Sa connaissance et son respect des mœurs chinoises lui avaient acquis une grande influence sur les autorités du pays. Créé mandarin en 1893 et devenu, comme il l'écrit lui-même, *persona gratissima* à la cour de Pékin, il ne profita de son crédit et des honneurs qui lui étaient décernés, que pour attirer sur les

Chrétiens l'estime et la considération des païens. En 1898, le vicariat du Chan-toung méridional possédait 3 églises et 72 chapelles, 20 écoles et 283 élèves, 4 orphelinats et 387 enfants, il était administré par 20 missionnaires européens et 5 prêtres indigènes.

La mission prospérait donc et les conversions s'annonçaient nombreuses, quand la révolte des Boxers, commencée précisément au Chan-toung, menaça d'anéantir de si belles espérances. Le 1er novembre 1897, 2 missionnaires allemands furent massacrés, et Mgr Anzer implora la protection de l'empereur d'Allemagne. Guillaume II envoya une division navale s'emparer de la baie de Kiao-tcheou et du territoire adjacent, que la Chine s'empressa de céder au vainqueur pour une période de 99 ans. Or, ce territoire se trouvait sur le Vicariat français. Après des pourparlers entre la Propagande et les deux gouvernements de France et d'Allemagne, il fut statué que la portion de terre occupée serait donnée au Vicariat allemand, mais que le Vicariat français recevrait, en compensation, un territoire égal du Chang-toung septentrional.

Voici l'état des Missions confiées à chacune des Congrégations récemment arrivées en Chine :

	Païens	Catholiques	Prêtres	Églises	Écoles
Hou-nan Nord . . . (Augustins)	10.000.000	215	8	5	3
Chen-si Sud. . . . (Missionnaires de Rome)	5.000.000	10.200	16	53	74
Chan-toung Sud . . (Missionnaires de Steyl)	10.000.000	16.190	42	77	41

CHAPITRE IV

LES DOMINICAINS

Deux vicariats apostoliques : Fo-kien et Amoy.

Le Vicariat apostolique de Fo-kien, fondé en 1696, a toujours été administré par les Dominicains espagnols de la province de Manille, qui travaillent en Chine depuis 1633. En 1800, on y comptait 30.000 catholiques, 40.000 en 1840. A partir de cette année jusqu'en 1870, l'œuvre d'évangélisation ne progresse point, puisque l'on ne trouve encore dans les statistiques, à cette dernière date, que 40.000 catholiques. La cause en est principalement dans le trop petit nombre de missionnaires, 5 en 1840, 16 en 1870.

Cependant la mission dominicaine du Fo-kien jouit durant les premières années du siècle, jusqu'en 1836, d'une tranquillité inouïe en Chine. Le bienheureux Perboyre l'attribuait au courage qui caractérise les chrétiens de cette province, et à la liberté qu'ils avaient su conquérir. « Sur les 40.000 chrétiens de la province, écrivait-il, il y en a 30.000 dans le seul district de Fou-gan. On conçoit par là qu'il y a des villages même considérables dont les habitants sont tous chrétiens. » De fait, à la vue des statues de la Sainte Vierge érigées sur des rochers dominant la mer, au chant des cantiques qui retentissaient le soir dans le fond des vallées, devant l'éclat extérieur que revêtaient souvent les cérémonies religieuses, un voyageur abordant au Fo-kien aurait pu croire alors mettre le pied sur une terre depuis longtemps gagnée à la vraie foi. La tranquillité régnait donc dans cette province fortunée, lorsque, vers la fin de novembre 1836, l'empereur rendit un décret contre les missionnaires et les catholiques du Fo-kien ; un mandarin, ami de la paix, chercha d'abord à temporiser. Il fut remplacé, l'année suivante, par un ennemi juré du nom chrétien, qui fit rechercher tous les prêtres pour les emprisonner et les condamner à mort, et exerça toutes sortes de vexations contre les simples fidèles. Les Dominicains se réfugièrent dans les forêts des hautes montagnes, l'évêque, vieillard octogénaire, fut obligé d'errer de caverne en caverne. C'est alors que les Chrétiens se montrèrent admirables pour défendre la vie de leurs Pères, se relevant pour guetter l'arrivée des satellites, sacrifiant leur fortune. Un jour, vingt notables furent saisis, garrottés dans un village, et virent tous leurs biens confisqués. Mais aucun religieux ne fut découvert pendant les cinq ans que dura la persécution, de 1837 à 1842. Cependant, l'essor donné aux passions hostiles ne s'arrêta pas, et les missionnaires continuèrent à être en butte aux dénonciations et aux tracasseries de tout genre. Les chrétiens ne retrouvèrent la paix que le jour où fut publié à Fou-tcheou, capitale de la province, l'édit impérial obtenu par M. Lagrenée en 1846.

Le 17 août 1860, les Dominicains, après un exil de deux siècles, rentrèrent en possession d'une terre autrefois acquise par leur sang : 4 prêtres de leur Ordre réussirent à descendre dans l'île Formose, à y bâtir une église et à ranimer la foi complètement éteinte. Depuis, celle-ci n'a fait que grandir dans cette île devenue colonie japonaise, où l'on trouve environ 2.000 catholiques.

La province de Fo-kien n'est pas aujourd'hui une

terre inconnue à la France, depuis que l'amiral
Courbet y anéantit sur ses côtes, le 24 août 1884, la
flotte du Céleste Empire, et bombarda l'arsenal maritime de Fou-tcheou, sur le fleuve Min ; depuis surtout que nombre de soldats et de marins français,
tombés sous les balles chinoises à côté du vainqueur,
y reposent dans un cimetière à l'ombre d'une croix
ornée d'une couronne envoyée de France.

Une fois notre armée victorieuse rentrée dans ses
foyers, les Chinois exaspérés exhalèrent leur haine
contre les Chrétiens. Des proclamations furent
affichées, les accusant d'avoir dévoilé aux Français
tous les secrets de la défense nationale, et excitant
la populace à incendier les églises et les maisons de
la Mission. A Fou-tcheou, ni les Pères, ni les Sœurs
n'étaient en parfaite sécurité, le peuple disait qu'il
voulait se venger des Français sur tous ceux qui
prêchaient « la Religion de la France » (1). L'évêque,
Mgr Mazot, écrivait plus tard : « Notre mission est
loin d'avoir la paix, en butte que nous sommes
depuis 1884 à une sorte de persécution officielle,
et exposés au contre-coup des troubles politiques. »
Si les missionnaires voulaient acheter un terrain, les
mandarins leur faisaient dire que la population
verrait cela d'un mauvais œil, ou bien l'on exi-
geait un prix énorme. S'ils commençaient à bâtir
soit une église, soit un hôpital ou une crèche, les
constructions étaient démolies pendant la nuit.
Toutes les tracasseries étaient permises pour entraver
l'œuvre d'apostolat.

Le 3 décembre 1883, un décret de la Propagande
divisait la très ancienne mission du Fo-kien en deux
parties, à chacune desquelles un évêque était préposé.

____

(1) Les Dominicains du Fo-kien sont tous de nationalité
espagnole, et les Chinois le savaient parfaitement.

Le nouveau vicariat prenait le nom d'Amoy et embrassait les deux préfectures civiles de Chuan-Chiu et Chian-Chiu, le port d'Amoy et l'île Formose. Le Saint-Père lui donnait comme premier vicaire apostolique Mgr Chinchon O. P.

Durant l'épiscopat de Mgr Chinchon, la mission d'Amoy prit d'importants développements : elle fut dotée d'un grand et d'un petit séminaire, de trois églises et deux orphelinats. Aujourd'hui elle compte 4.780 catholiques dont 1.151 dans l'île Formose sur environ 8 millions de païens. Elle a 1 évêque, 23 missionnaires européens des Frères Prêcheurs, 2 prêtres indigènes, 14 religieuses du Tiers-Ordre de Saint-Dominique, 32 églises ou chapelles, 3 orphelinats sur le continent et 137 orphelins, 1 dans l'île Formose et 41 enfants, 14 écoles de garçons sur le continent et 200 élèves, 7 dans l'île Formose et 100 élèves, 8 écoles de filles, toutes sur le continent et 130 enfants.

Dans le vicariat du Fo-kien, sur une population païenne de 20.000.000 d'habitants, on compte 41.320 catholiques. Il y a un évêque, résidant à Fou-tcheou, 26 missionnaires européens, et 20 prêtres indigènes, 40 églises ou chapelles, un séminaire et 22 séminaristes, un orphelinat à Fou-tcheou dirigé par les Filles de la Charité, 43 écoles de garçons et 606 élèves, 18 écoles de filles et 266 enfants.

Le tableau suivant nous montrera l'œuvre des Dominicains dans l'empire chinois :

	Païens	Catholiques	Prêtres	Eglises	Ecoles
Fo-kien. .	20.000.000	41.320	46	40	61
Amoy . .	8.000.000	4.780	25	32	29
Totaux .	28.000.000	46.100	71	72	90

CHAPITRE V

MISSIONS ÉTRANGÈRES DE PARIS

Onze vicariats apostoliques : Se-tchouan Ouest. — Se-tchouan Est. — Se-tchouan Sud. — Kouei-tcheou. — Yun-nan. — Kouang-si. — Kouang-toung. — Thibet. — Mandchourie méridionale. — Mandchourie septentrionale. — Corée.

La Société des Missions Etrangères de Paris, établie en Chine depuis le milieu du XVII° siècle, y possédait en 1800 le vicariat unique du Se-tchouan, Kouei-tcheou et Yun-nan. Elle avait là deux missionnaires européens, vingt prêtres indigènes évangélisant 70 millions de païens et dirigeant 47.000 catholiques. L'évêque de cet immense vicariat était Mgr Dufresse qui, au mois de septembre 1803, convoqua un synode où se rendirent quatorze prêtres sur les vingt alors présents au Se-tchouan. De ce modeste concile sortirent des statuts remplis de sagesse, approuvés solennellement par le Souverain Pontife, plusieurs fois imprimés dans la suite par ordre de la Propagande, et contre lesquels aucune persécution, aucun changement politique n'a jamais pu prévaloir. Encore aujourd'hui ils fixent la ligne de conduite suivie en Chine par tous les apôtres formés au Grand Séminaire de la rue du Bac, à Paris.

Onze années suivirent d'une tranquillité relative. Mais en 1814 un païen dévoila au vice-roi l'état de la Mission, qu'il avait connu en feignant de vouloir embrasser le Catholicisme. Il divulgua l'établissement du séminaire, dénonça nommément Mgr Dufresse qui fut arrêté le 18 mai 1815, condamné à mort et exécuté le 15 septembre suivant avec 32 chrétiens. Il a été déclaré Bienheureux par l'Eglise en 1900. Douze prêtres chinois furent exécutés dans les années 1815 et 1816 ou envoyés en exil perpétuel en Tartarie, ainsi qu'un certain nombre de fidèles.

De 1815 à 1860, l'évangélisation ne progresse que lentement, mais elle s'affermit, des œuvres de charité ou de zèle naissent et grandissent. Nommons celle des baptêmes d'enfants païens en danger de mort. En 1831, sept mille de ces petites créatures abandonnées furent régénérées, et allèrent implorer le ciel en faveur de leur ingrate patrie. L'organisation des Missions devient plus régulière par la division en plusieurs Vicariats apostoliques de ces immenses provinces de Chine où le missionnaire était jusqu'alors comme perdu au milieu des multitudes idolâtres.

En 1843, le Yun-nan fut séparé du Se-tchouan. Il eut pour premier évêque Mgr Ponsot, et possédait alors 4.000 catholiques.

En 1846, le Kouei-tcheou, avec 1.500 chrétiens à peine, fut érigé en Vicariat et donné à Mgr Albrand.

En 1856, le Se-tchouan lui-même est partagé en deux, et, quatre ans plus tard, en trois Vicariats, avec les dénominations qui existent aujourd'hui, Se-tchouan occidental, oriental et méridional.

Durant cette même période de temps, 1815-1860, la vie des missionnaires n'est qu'une longue lutte contre la fourberie et la méchanceté des mandarins. Avec quelles difficultés ne s'établissent-ils pas dans un centre important ? quelles tracasseries n'ont-ils pas à subir ? Presque chaque année, des maisons, des chrétientés sont pillées, brûlées, ravagées ; puis, quand justice est réclamée auprès des autorités constituées, les victimes sont transformées en bourreaux des païens ou en rebelles.

Et depuis 1860, époque où les victoires des Européens, les traités signés par la Chine assurèrent aux missionnaires l'entière liberté de prêcher la véritable religion, que de désastres à subir ! que de morts à déplorer ! En 1862, le P. Néel est condamné et exécuté au Kouei-tcheou. En 1865, M. Mabilleau, en 1869, M. Rigaud, sont massacrés à Yeou-yang. Les années suivantes, M. Hue et un prêtre chinois tombent à Kien-kiang, M. Baptifaud au Yun-nan. Pour entretenir l'hostilité du peuple contre les chrétiens, les mandarins publient d'atroces calomnies, répandent d'infâmes libelles. Le mal que causent ces pamphlets est immense, tout le monde les lit, et les hommes les plus modérés, les esprits les mieux intentionnés, s'éloignent des missionnaires, incapables de démêler la vérité de l'erreur dans ces accusations.

Telle était la situation morale des provinces du Sud et de l'Ouest de l'Empire quand éclata la guerre du Tonkin. Le gouvernement chinois se contenta d'abord de soudoyer les Pavillons Noirs, tout en les désavouant. Le peuple ne fut pas satisfait, il voulait assouvir sa haine de l'étranger. S'il ne pouvait jeter à la mer les « diables d'Occident », il était à même de tuer des missionnaires et des chrétiens, de piller et d'incendier leurs maisons abandonnées. Aussi la persécution reprit-elle au Yun-nan en 1883. Le P. Terrasse fut la première victime. Les catholiques étaient chassés de leurs demeures. « Allez avec vos amis les Français », leur disait-on. Au Koueï-tcheou, 54 stations, 22 orphelinats furent saccagés en quelques jours. Trois ans plus tard, en 1886, à l'occasion de certaines imprudences commises par les Protestants de Tchong-kin, la populace se rua sur l'évêché et tous les établissements centraux du Se-tchouan oriental. En quelques heures tout fut anéanti. Averti de ces désastres, le ministre de France intervint auprès du gouvernement chinois qui donna des ordres pour arrêter les troubles. Mais il fallait aussi réparer les pertes subies, et pour cela obtenir des indemnités. Ce ne fut qu'en 1896 qu'elles furent accordées, et combien minimes encore.

En 1891, l'Empereur Kouang-siu fit publier un édit favorable aux chrétiens. Aussitôt dans le Se-tchouan occidental les calomnies de se reproduire, les cris de mort de se proférer contre les « mangeurs d'enfants ». En moins d'un mois, du 29 mai au 23 juin, tous les établissements de la région sont livrés au pillage. Pour mettre leur vie en sûreté, les missionnaires sont réduits à chercher un asile dans les bois, à passer les nuits sous un rocher. L'évêque, Mgr Dunand, fut assez énergique et assez habile pour obtenir des indemnités et la dégradation publique du vice-roi fauteur de tant de désastres. « La paix durera trois ans », disait M. Gérard, ministre de France, à Mgr Dunand, « de fait, continue ce dernier, tous les deux ou trois ans, nous avons subi de graves secousses, mais la plus terrible sans contredit a été celle de 1902. » En effet, des émissaires venus de Pékin se mettent à parcourir le Se-tchouan, fanatisent les païens et poussent le cruel mandarin Tsao à donner l'ordre de massacrer les chrétiens jusqu'au dernier, même les femmes et les enfants : c'était le seul moyen, disait-il, de forcer les missionnaires à se retirer et de leur ôter l'envie de revenir. On vit alors les bandits se multiplier, et les districts se couvrir de ruines : 1.500 chrétiens furent tués, 4 à 500 disparurent sans qu'on n'en ait jamais eu de nouvelles. Le P. Houang fut saisi et décapité. Ailleurs, c'est un jeune prêtre qui soutient avec une poignée de fidèles un véritable siège dans une église contre plus de 600 bandits ; ailleurs un séminariste jette la panique dans les rangs des agresseurs en tuant net le chef des brigands.

Et depuis que le calme est revenu au Se-tchouan, écrit Mgr Dunand en 1904, « nous avons passé de tristes jours, sécheresse, famine, maladies, mauvaise administration, rien ne nous a manqué... Actuellement un vent favorable souffle pour nous... mais de nombreux points noirs qui se dessinent sur l'horizon de la Chine nous invitent à nous tenir sur nos gardes. En attendant, nous travaillons comme si la paix devait durer toujours. »

Voici maintenant l'état actuel des Vicariats :

SE-TCHOUAN OCCIDENTAL : Sur une population païenne de 25 millions d'habitants, on compte 40.000 catholiques. Il y a 1 évêque, 36 missionnaires européens, 41 prêtres indigènes, 837 religieuses (vierges chrétiennes chinoises), 68 catéchistes ; 68 églises ou chapelles, 2 séminaires et 101 séminaristes, 3 hôpitaux, 46 dispensaires, 5 orphelinats et 335 enfants, 209 écoles et 2.873 élèves.

SE-TCHOUAN ORIENTAL : La population païenne est évaluée à 15 millions et les chrétiens sont au nombre de 34.123. On y compte 1 évêque, 47 missionnaires européens, 36 prêtres indigènes, 324 religieuses, 118 catéchistes ; 103 églises ou chapelles, 3 séminaires et 130 séminaristes, 5 hôpitaux, 81 dispensaires, 4 orphelinats et 452 enfants, 232 écoles et 3.789 élèves.

SE-TCHOUAN MÉRIDIONAL : Païens 20.000.000, chrétiens 21.000 ; 1 évêque, 43 missionnaires européens, 9 prêtres indigènes, 267 religieuses, 87 catéchistes ; 37 églises ou chapelles ; 2 séminaires et 92 séminaristes, 6 hôpitaux, 91 dispensaires, 8 orphelinats et 228 enfants, 164 écoles et 2.648 élèves.

KOUEI-TCHEOU : 10.000.000 de païens et 21.927 catholiques, 1 évêque, 43 missionnaires européens, 11 prêtres indigènes, 79 religieuses, 192 catéchistes ; 100 églises ou chapelles, 2 séminaires et 31 séminaristes, 2 hôpitaux, 67 dispensaires, 13 orphelinats et 1.005 enfants, 151 écoles et 2.271 élèves.

YUN-NAN : Douze millions de païens et 10.490 catholiques. On y compte 2 évêques, 26 missionnaires européens, 8 prêtres indigènes, 35 religieuses, 26 catéchistes ; 55 églises ou chapelles, 1 séminaire et 19 élèves, 20 orphelinats et 324 enfants, 58 écoles et 1.274 élèves.

De 1800 à 1848, les deux provinces du Kouang-toung et du Kouang-si furent administrées par des prêtres chinois, sous la direction d'un grand-vicaire de Macao. Ces prêtres, également dépourvus de zèle et de surveillance, faisaient peu de chose et laissèrent tomber le nombre des chrétiens à 7 ou 8.000. En 1848, la Société des Missions étrangères de Paris fut chargée par Rome d'évangéliser ces deux provinces, mais les missionnaires restèrent soumis à l'évêque de Macao, ce qui fit naître plus d'une difficulté. Enfin, le 8 novembre 1856, le Souverain Pontife y remédia en nommant le P. Guillemin préfet apostolique du Kouang-toung et du Kouang-si réunis.

Cette même année, le P. Chapdelaine, envoyé au Kouang-si, y subit le martyre à Si-lin-hien et sa mort donna occasion à l'expédition de 1860.

Le Kouang-toung, malgré l'esprit turbulent de la population, malgré des rébellions presque continuelles, et malgré des fléaux trop fréquents comme la disette et la peste, offre le réconfortant spectacle d'un mouvement très prononcé vers le Catholicisme. Non seulement les pauvres, mais les commerçants, les propriétaires, les agriculteurs riches ou aisés, demandent à s'instruire dans la vraie religion. « Nos missionnaires, écrivait Mgr Mérel en 1904, surchargés de besogne, ont baptisé 3.355 adultes, pendant l'année, et n'ont pu étendre leur action à tous les centres qui s'ouvraient à l'Evangile, ni recueillir toute la moisson qui blanchissait sous leurs yeux. »

Le Kouang-si, détaché du précédent en 1875, demeure, par contre, la terre ingrate que le travail et les larmes ne fécondent pas. L'hostilité constante des mandarins et le petit nombre de fidèles y rendent la situation du Catholicisme encore très précaire.

Voici l'état actuel de ces deux vicariats :

KOUANG-TOUNG : Population païenne 30.000.000 chrétiens 47.500, 1 évêque, 62 missionnaires européens, 445 catéchistes ; 450 églises ou chapelles, dont une superbe cathédrale à Canton, 309 écoles et 2.520 enfants.

KOUANG-SI : Païens 10.000.000, chrétiens 2.568, 1 évêque, 22 missionnaires européens, 3 prêtres indigènes, 19 religieuses, 36 catéchistes ; 41 églises ou chapelles, 1 séminaire et 12 séminaristes, 2 hôpitaux, 1 dispensaire, 6 orphelinats et 103 enfants, 34 écoles et 412 élèves.

Le Thibet est la terre du monde la plus fermée aux apôtres de l'Evangile et la plus revêche à toute idée chrétienne. Au début du XIXᵉ siècle, son territoire était rattaché à la mission des Capucins d'Agra dans les Indes, mais aucun ouvrier évangélique ne put jamais y pénétrer. Les premiers, en 1846, deux Lazaristes, MM. Huc et Gabet, parvinrent, sous des vêtements de lamas, jusqu'à Lhassa, capitale du royaume. Après six semaines de séjour dans cette ville, les deux prêtres furent forcés de partir et ramenés de mandarinat en mandarinat jusqu'à Canton. Ils n'étaient pas encore de retour que Rome avait confié le Thibet à la Société des missions étrangères de Paris.

Après plusieurs tentatives infructueuses, deux missionnaires réussirent à s'établir dans la vallée de Bonga. En 1857, Mgr Thomines-Desmazures, nommé premier vicaire apostolique du Thibet, constitua la mission actuelle en fondant quelques postes non au centre du royaume de Lhassa, car les lamas ne laissant pénétrer aucun étranger, à plus forte raison n'admettraient-ils aucun missionnaire, mais sur des points limitrophes. Encore les apôtres de l'Evangile n'y furent-ils pas toujours en sûreté. C'est ainsi que les lamas, ces éternels ennemis du nom chrétien, ruinèrent la station de Ba-thang en 1873, firent assassiner le P. Brieux en 1881 et enfin, en 1887, anéantirent tous les postes-frontières que la persévérance des prédicateurs de l'Evangile avait réussi à fonder.

Les choses en sont là pour le moment, et le Thibet proprement dit reste encore une terre absolument fermée à l'Evangile.

Voici quel était, à la fin de 1904, l'état de la mission : *Thibet* : Population païenne 4.000.000, population chrétienne (sur les frontières) 2.004 ; 1 évêque, 19 missionnaires européens, 1 prêtre indigène, 6 religieuses, 1 catéchiste ; 14 églises ou chapelles, 1 séminaire (à Ta-tsien-lou, résidence de l'évêque) et 9 séminaristes, 2 hôpitaux, 9 dispensaires, 5 orphelinats et 83 enfants, 20 écoles et 204 élèves.

Le catholicisme n'a germé qu'assez tard sur le sol de la Mandchourie, encore y fut-il introduit par des chrétiens chinois fugitifs pendant les persécutions de 1796, de 1805 et de 1815. De temps en temps un

lazariste ou un prêtre indigène avait le loisir de s'oc-
cuper de ces pauvres abandonnés, perdus au milieu
des païens. Enfin Grégoire XVI érigea en 1839 la
Mandchourie en Vicariat apostolique et la confia à
Mgr Verrolles, de la Société des Missions Etrangères.
Après un recensement très exact, l'évêque trouva
3.600 catholiques dont beaucoup avaient singulière-
ment perdu de leur ferveur et même de leur connaissance de la Religion.

De zélés collaborateurs, trop rares hélas ! vinrent
seconder l'activité de Mgr Verrolles ; en 1875, ils
étaient 23 et avaient réussi à construire un assez
grand nombre d'églises, vastes et bien décorées, ca-
pables d'émerveiller les païens et de leur faire con-
cevoir une haute idée de la religion chrétienne.

Pendant la guerre sino-japonaise, une panique
intense se mit dans toute la Mandchourie, comme
dans l'armée chinoise : les habitants émigrèrent en
masse vers le nord et furent remplacés dans les
villages par des hordes de brigands qui mirent tout
à feu et ne laissèrent après eux que la misère et la
ruine. Cinq stations furent dévastées et pillées, et les
missionnaires se virent souvent réduits à se cacher
dans les ravins du voisinage de leurs églises. Mais
enfin l'on n'eut pas de victime à déplorer.

La guerre terminée, un mouvement extraordinaire
vers le catholicisme se dessina dans toute la Mandchourie. Un seul district s'enrichit de 150 nouveaux
villages ouverts à l'Evangile, un autre de 65, un
seul prêtre baptisait dans une année 1.200 et 2.100 catéchumènes. Aussi, en face de cet accroissement du
nombre des fidèles, le Souverain Pontife, par un bref
du 10 mai 1898, divisa-t-il la Mandchourie en deux
Vicariats apostoliques : la Mandchourie méridionale,
dont l'évêque réside à Moukden et la Mandchourie
septentrionale confiée à Mgr Lalouyer, avec Ghirin

pour résidence épiscopale. Le premier de ces Vicariats comptait 13.000 fidèles et le second 7.568. C'était le résultat de soixante ans de travaux.

Mais l'heure de l'épreuve avait sonné. Le mouvement des Boxers se propageait du Chan-toung au Tche-li et du Tche-li en Mandchourie. A Moukden, l'évêque, Mgr Guillon, 2 prêtres, 2 religieuses chargées de l'orphelinat et 200 chrétiens réfugiés dans l'Eglise sont décapités ou brûlés vifs. Cinq autres missionnaires et 68 chrétiens ont bientôt le même sort. Enfin dans la Mandchourie septentrionale deux Pères étaient également frappés.

Pendant ce temps, que devenaient les survivants, prêtres et religieuses ? Protégés par une colonne de 500 cosaques et accompagnés de 300 chrétiens, ils réussissaient dans le Nord à gagner Wladivostock. D'autres, dans le Sud, se réfugiaient à Chang-hai et plusieurs se rendaient en Corée.

Enfin les Russes, remontant de Port-Arthur vers Moukden, ramenèrent la sécurité dans le pays ; mais que de ruines amoncelées ! Dans la Mandchourie méridionale une seule église, celle d'Ing-tse, restait debout, et chacun se demandait s'il était resté assez de sève à cet arbre, naguère si vigoureux et si verdoyant, pour reverdir et pousser de nouvelles branches. Eh bien, l'arbre cruellement mutilé par le fer des Boxers reprend chaque jour des forces, et bientôt peut-être il sera plus beau qu'il n'a jamais été. Ainsi Mgr Choulet annonçait déjà 710 baptêmes d'adultes pour l'année 1902-1903. Dieu rende cette prospérité durable !

Voici dans quel état se trouvaient les deux Vicariats de la Mandchourie vers la fin de 1903.

MANDCHOURIE MÉRIDIONALE : Sur 10.000.000 de païens on comptait 17.000 catholiques, 1 évêque,

28 missionnaires européens, 7 prêtres indigènes, 16 religieuses de la Providence de Portieux, 233 sœurs indigènes, 17 catéchistes, 52 églises ou chapelles, 1 séminaire et 19 séminaristes, 2 hôpitaux, 2 dispensaires, 9 orphelinats et 403 enfants, 66 écoles et 1.233 élèves.

MANDCHOURIE SEPTENTRIONALE : Païens 10.000.000, chrétiens 10.161, 1 évêque, 18 missionnaires européens, 3 prêtres indigènes, 143 religieuses, 35 catéchistes, 62 églises ou chapelles, 2 séminaires et 36 séminaristes, 7 orphelinats et 272 enfants, 91 écoles et 2.277 élèves.

Le xixe siècle s'ouvrit pour la jeune Mission de Corée par une sanglante persécution. En 1801, l'unique prêtre qui fut dans toute cette contrée, chinois de nationalité, subit le martyre, laissant 6.000 chrétiens orphelins. Restés sans aucun pasteur jusqu'en 1836, ils étaient alors tombés à 4.000.

Sous Mgr Imbert, le premier vicaire apostolique qui eût pu pénétrer en Corée, le nombre des fidèles atteignit 9.000, mais, en 1839, la persécution fit tomber la tête de l'évêque et celle de tous les missionnaires européens.

De nouveau privée de pasteurs, l'Eglise coréenne gémit dispersée. Enfin Mgr Ferréol, puis Mgr Berneux réussirent à en grouper les restes épars et le mouvement des conversions, un moment ralenti, reprit avec ardeur. En 1866, la mission comptait 18.000 fidèles. Jamais elle n'avait été si prospère : elle était, hélas ! à la veille d'un anéantissement complet. Le gouvernement coréen résolut à cette date l'extermination en masse de tous les chrétiens. Deux évêques, 7 prêtres et tous les chrétiens influents furent immolés ; M. Ridel put, seul à travers mille périls, gagner la Chine et faire connaître le désastre de la mission. Quand il rentra en Corée, en 1876, il ne trouva que des ruines. Aujourd'hui, l'ère des persécutions semble fermée, et Mgr Mutel continue l'œuvre des martyrs : tout fait espérer qu'il ne reverra pas les orages du passé.

En 1904, la Corée comptait déjà 60.554 catholiques sur 15.000.000 de païens. Il y a 1 évêque, 42 missionnaires européens, 11 prêtres indigènes, 1 séminaire et 32 séminaristes, 12 religieuses de Saint-Paul de Chartres, 2 orphelinats (Séoul et Chemulpo) et 315 enfants, 44 églises ou chapelles, 88 écoles et 782 élèves.

Tableau de l'état des missions en 1904

	Païens	Catholiques	Prêtres	Églises et chapelles	Écoles
Se-tchouan Ouest	25.000.000	40.000	77	68	209
» Est	15.000.000	34.123	83	103	232
» Sud	20.000.000	21.000	52	37	164
Koüei-tcheou	10.000.000	21.927	54	100	151
Yun-nan	12.000.000	10.490	34	55	58
Kouang-toung	30.000.000	47.500	62	450	309
Kouang-si	10.000.000	2.568	25	41	34
Thibet	4.000.000	2.004	20	14	20
Corée	15.000.000	60.554	55	44	88
Mandchourie méridion. .	10.000.000	17.000	35	52	66
» septentr. .	10.000.000	10.161	21	62	91
Totaux	161.000.000	267.327	518	1.026	1.422

CHAPITRE VI

MISSIONS ÉTRANGÈRES DE MILAN

Trois vicariats apostoliques : Ho-nan Nord. — Ho-nan Sud, Hong-kong.

De 1800 à 1843, les catholiques du Ho-nan firent partie du diocèse de Nankin et furent maintenus dans la foi, soit par des prêtres indigènes, soit par des religieux venus d'Europe, Franciscains ou Lazaristes. D'ailleurs peu nombreux, 500 à peine, perdus au milieu des païens, « plus païens eux-mêmes que chrétiens », comme l'écrivait un missionnaire, ils souhaitaient la présence de prêtres instruits pour conserver leur religion dans toute sa pureté.

En 1843, le diocèse de Nankin fut supprimé et de ses diverses parties l'on forma les deux vicariats apostoliques du Kiang-nan et du Ho-nan, le premier était donné aux Jésuites, le second aux Lazaristes. Ces derniers entretinrent en moyenne cinq missionnaires européens dans la nouvelle mission commise à leur soin et laissèrent à leurs successeurs, en 1869, 3.200 chrétiens.

Une nouvelle Société d'ouvriers évangéliques s'était fondée à Milan, le 31 juillet 1850. De jeunes et vaillants apôtres, formés à toutes les vertus, n'y ambitionnaient que la conquête des âmes et l'extension de la Religion catholique. Pie IX les appela en 1869 à remplacer les Lazaristes, trop peu nombreux pour suffire à tant de besoins, et leur assigna le Ho-nan.

En 1883, ce vicariat unique fut subdivisé en deux ;

Ho-nan Nord et Sud, tous deux confiés aux Missions étrangères de Milan. Sept années plus tard, le premier comptait 1.400 chrétiens et le second 7.500, le premier avait six prêtres et le second onze.

Mais le Ho-nan n'est pas le seul territoire en Chine confié aux missionnaires de l'institut de Saint-Calocère, le vicariat de Hong-kong leur fut encore donné en 1874.

Dès que les Anglais se furent emparés en 1841 du rocher stérile qui porte ce nom, et dont ils ont fait en cinquante ans le plus magnifique port de l'Extrême-Orient et un des plus actifs de l'univers entier, la Propagande érigea l'île en préfecture apostolique qui fut confiée d'abord aux Franciscains. Ceux-ci élevèrent une belle église dans la ville moderne, luttèrent contre les protestants qu'ils trouvèrent déjà établis dans la nouvelle conquête anglaise et eurent avec leurs ministres plusieurs polémiques assez vives. Une fois, entre autres, le pasteur hérétique soutint que, si Notre-Seigneur, à la Cène, avait fait usage du pain et du vin, c'était uniquement parce que ces aliments formaient la nourriture ordinaire des habitants de la Palestine, mais que si le Sauveur avait vécu en Chine, assurément il aurait fait usage du thé pour instituer l'Eucharistie. Conséquemment, il n'userait pas d'autre boisson désormais dans son calice. Le Franciscain eut grand'peine à combattre cette nouvelle doctrine qui flattait si fort le goût des Chinois.

Le 4 octobre 1874, les Franciscains cédèrent la préfecture apostolique aux missionnaires de Milan, et Mgr Raimondi ayant reçu la consécration épiscopale, Hong-kong devint vicariat. Une partie des missions du continent, c'est-à-dire les trois districts de Haï-fong, Si-ngan et Koueï-tchin, fut détachée de Canton et incorporée au nouveau vicariat.

La religion prospère sous l'autorité tolérante des Anglais, et plusieurs Sociétés de missionnaires en Chine possèdent à Hong-kong une procure, un sanatorium ou une maison de repos, ainsi les Dominicains, les Missions étrangères de Paris. De plus, les sœurs de Saint-Paul de Chartres, les religieuses Canossiennes y ont des établissements florissants, les frères des écoles chrétiennes y possèdent un collège et les sœurs du Bon Pasteur un refuge pour les jeunes filles.

Voici quel était, au commencement du xxe siècle, l'état des Missions confiées aux prêtres du séminaire de Saint-Calocère à Milan.

HO-NAN NORD : Sur une population de 7.000.000 de païens on comptait 3.000 catholiques et 1.800 catéchumènes. Il y avait 1 évêque, 9 missionnaires européens et 3 prêtres indigènes ; 34 églises ou chapelles, 1 séminaire et 12 séminaristes, un orphelinat et 28 enfants, 11 écoles et 141 élèves.

HO-NAN SUD : 23.000.000 de païens et 10.300 catholiques, 1 évêque, 14 missionnaires européens et 8 prêtres indigènes, 6 religieuses canossiennes et 38 vierges indigènes ; 94 églises ou chapelles, 1 séminaire et 20 séminaristes, 4 orphelinats et 484 enfants, 50 écoles et 700 élèves.

HONG-KONG : 3.000.000 de païens et 9.000 catholiques, 1 évêque, 13 missionnaires européens et 7 prêtres indigènes, 40 religieuses canossiennes, 18 sœurs de Saint-Paul de Chartres, 12 frères des écoles chrétiennes ; 46 églises ou chapelles, 1 séminaire et 14 séminaristes, 3 orphelinats et 400 enfants, 4 collèges de garçons et 500 élèves, 2 collèges de filles et 350 enfants, 36 écoles primaires et 595 élèves, une pharmacie ou dispensaire, 2 hôpitaux,

Le tableau suivant nous résumera l'état de ces Missions.

	Païens	Catholiques	Prêtres	Eglises	Ecoles
Ho-nan Nord.	7.000.000	3.000	12	34	11
» Sud .	23.000.000	10,000	22	94	51
Hong-Kong. .	3.000.000	9.000	20	46	36
Totaux . .	33.000.000	22.300	54	174	98

CHAPITRE VII

MISSIONNAIRES DE SCHEUT (BELGIQUE)

Cinq vicariats : Mongolie orientale, centrale, occiduo-méridionale. — Kan-sou. — Ili ou Koul-dja.

C'est le vent de la persécution qui a jeté en Mongolie les premiers germes du Christianisme. Vers la fin du XVIIIᵉ siècle, des populations d'émigrants, chassés par les hostilités des mandarins, ou fuyant devant la famine et la guerre, cherchèrent la tranquillité sur un sol plus hospitalier. En 1798, deux prêtres chinois se rendirent auprès des chrétiens émigrés, isolés au milieu des infidèles, pour soutenir leur foi et les fortifier dans leurs épreuves. Plus tard, un lazariste mettait en sûreté dans le village de Si-ouan-dze tous les élèves du grand séminaire de Pékin. Au contact de ces jeunes apôtres, fervents et zélés, plusieurs païens se convertirent et l'Evangile s'implanta définitivement en Mongolie. Cette province fut même érigée en un vicariat apostolique en 1838 et remise au soin de Mgr Mouly, le futur restaurateur de la foi dans la capitale de la Chine. D'autres prélats, appartenant, eux aussi, à la Congrégation de la Mission, en furent successivement les évêques jusqu'en 1864. A cette époque, la Mongolie comptait 8.000 catholiques environ, et une nouvelle Société de missionnaires, récemment fondée à Scheut, en Belgique, venait y remplacer les lazaristes. Huit prêtres du nouvel institut prenaient leur succession et se répandaient sur un territoire dont la superficie mesure quatre millions de kilomètres carrés. Cette immense étendue rendait excessivement onéreuse et difficile l'administration des chrétiens, dont les principaux groupes étaient parfois à deux mois de marche les uns des autres. Aussi Léon XIII, en 1883, distribua-t-il la Mongolie en 3 vicariats : Mongolie orientale, centrale et méridio-occidentale. La mission tout entière comptait alors environ 19.000 catholiques.

Déjà, en 1878, la province de Kan-sou et la région de Koukou-nor, détachées du Chen-si, avaient été érigées en un vicariat apostolique donné, lui aussi, aux missionnaires belges de Scheut. Enfin de ce dernier, en 1888, un vaste district fut séparé, comprenant toute la province de Sin-tchiang récemment créée et organisée par le Gouvernement Chinois, pour former la nouvelle mission d'I-li ou Koul-dja, non encore établie vicariat apostolique.

Durant les troubles causés par la révolte des Boxers en 1900, ces vastes régions du nord de la Chine ne furent pas épargnées et les Pères de Scheut qui les évangélisaient, firent l'apprentissage du martyre. Dans la Mongolie orientale, le P. Segers fut enterré vivant sur l'ordre du mandarin et des centaines de chrétiens furent immolés près de sa tombe ; dans la Mongolie centrale, où les conversions étaient si nombreuses, deux missionnaires furent tués le 15 août et trois autres brûlés vifs. Enfin, l'évêque de la Mongolie méridionale, Mgr Hamer, après avoir mis tous ses prêtres en sûreté, était lui-même brûlé vif, le 24 juillet.

Le fauteur de tous ces massacres, Loung-tchan-hai, reçut le châtiment de ses crimes, le 21 août 1902, et le féroce Yu-shien, l'égorgeur des missionnaires au Chan-toung et au Chan-si, trouva enfin au Kan-sou la digne punition de ses forfaits. Exilé d'abord dans la capitale de cette province par le Gouvernement de l'Empereur, il espérait échapper au supplice, grâce à de hautes protections, mais il avait compté sans Waldersee, généralissime de l'armée internationale. Ce vieux maréchal somma les ministres chinois de hâter l'exécution du tyran, et le mandarin de Lan-tcheou dut répondre à Waldersee que la tête de Yu-shien était enfin tombée.

Voici l'état des Missions confiées aux prêtres de la Congrégation de Scheut, vers la fin de 1904 :

MONGOLIE ORIENTALE : La population de la Mongolie tout entière est évaluée à 15 millions d'habitants. Dans le vicariat oriental on compte 12.747 catholiques, 1 évêque, 34 missionnaires européens, 7 prêtres indigènes, 35 églises ou chapelles, 1 séminaire et 18 séminaristes, 6 orphelinats et 300 enfants, 45 écoles avec 349 garçons et 388 filles.

MONGOLIE CENTRALE : Ce vicariat renferme 19.426 catholiques, 1 évêque, 37 missionnaires européens, 21 prêtres indigènes, 115 églises ou chapelles, 1 séminaire et 131 séminaristes, 7 orphelinats et 600 enfants, 122 écoles avec 1.362 garçons et 1.386 filles.

MONGOLIE SUD-OUEST : Ce vicariat contient 7.312 catholiques. On y trouve 1 évêque, 35 missionnaires européens et 2 prêtres indigènes, 39 églises ou chapelles, 1 séminaire et 26 séminaristes, 4 orphelinats et 301 enfants, 79 écoles et 854 garçons avec 837 filles.

KAN-SOU : Sur une population païenne de

21.500.000 âmes, on trouve à peine 3.220 catholiques. Il y a 1 évêque, 20 missionnaires européens et 2 prêtres indigènes, 35 églises ou chapelles, 1 séminaire et 13 séminaristes, 3 orphelinats et 137 enfants, 12 écoles avec 106 garçons et 99 filles.

I-LI OU KOUL-DJA : Cette mission ne compte guère que 120 chrétiens, 3 prêtres, 1 école. L'évangélisation y est entravée par le mauvais vouloir des mandarins et la corruption des diverses peuplades.

Nous trouverons dans le tableau suivant le résumé des œuvres des missionnaires de Scheut :

	Païens	Catholiques	Prêtres	Églises ou chapelles	Écoles
Mongolie orientale . . .		12 747	41	35	45
» centrale . .	15.000.000	19.426	58	115	122
» sud-ouest . .		7.312	37	39	79
Kan-sou	21.000.000	3.220	22	35	12
I-li	1.000.000	120	3	2	1
Totaux	37.000.000	42.825	161	226	259

CONCLUSION

En parcourant l'histoire des missions de Chine au xix⁰ siècle, on est également frappé et de la monotonie des épreuves se renouvelant toujours avec les mêmes circonstances, et de l'héroïque patience des missionnaires toujours debout sous les coups répétés de l'orage.

D'un côté, c'est la fourberie des mandarins qui tolèrent, soudoyent, appellent même contre les chrétiens des brigands ou des rebelles. Une bande de ces malfaiteurs, aux noms plus ou moins bizarres, se forme, se grossit, passe comme une trombe sur les chrétientés d'une province, renversant les églises, les hôpitaux et autres temples de la charité, massacrant, de ci de là, un missionnaire, s'il n'a eu soin, au premier souffle avant-coureur de la tempête, de se blottir dans une caverne ou de se réfugier dans la forêt. Parfois, la trombe devient ouragan, et alors ce n'est plus dans une province, mais dans l'empire chinois tout entier que le sang chrétien jaillit et se répand. C'est aussi la famine qui, à des intervalles presque réguliers, sévit cruellement. Poussés par la faim, les parents donnent leurs enfants, les maris vendent leurs femmes, toute une population émigre, et, dans les contrées naguère les plus riches et les plus peuplées, habitera désormais une morne désolation.

D'un autre côté, brille la patience indomptable du missionnaire, toujours occupé à relever des ruines, toujours en instance auprès des autorités locales pour obtenir justice et réparation. Rebuté à un tribunal, il s'adresse à un tribunal supérieur, encore renvoyé, il arrive jusqu'à la cour de Pékin. Ici, le ministre français appuie sa demande, et des indemnités, souvent bien réduites, sont enfin accordées pour les dommages matériels. La tranquillité rétablie, après que les mandarins ont pris les engagements les plus solennels de la maintenir, est-on assuré de l'avenir ? « La paix durera au plus trois ans », disait, à Mgr Dunand, le représentant de la France qui a résidé le plus longtemps en Chine et qui en connaît le mieux les artifices politiques, M. Girard. De fait, cette parole d'expérience est celle qui fait le mieux comprendre la situation du missionnaire vis-à-vis des autorités du pays. Compter sur trois ans de paix, c'est tout au plus ce qu'il peut espérer. Les famines qui désolent si fréquemment la Chine expliquent aussi son ministère et ses travaux. Pourquoi tant d'orphelinats et d'hôpitaux ? Pourquoi tant de crèches, d'asiles pour les pauvres et les vieillards ? Ces monuments de la charité doivent presque toujours leur fondation à une grande famine. On a recueilli des enfants délaissés. On a réuni des personnes âgées, infirmes et par là condamnées à périr. Un peu de riz leur a conservé la vie. Les forces rendues aux malades, d'autres infortunés se sont présentés et l'abri momentané de la misère d'une saison est devenu l'asile permanent de tous les malheureux.

Cependant la patience du missionnaire a triomphé de la fourberie obstinée des mandarins, et malgré les persécutions se succédant à de courts intervalles, le nombre des catholiques a passé, durant le siècle dernier, de 202.000 à 800.000. Mais 800.000 fidèles contre quatre à cinq cents millions de païens, que c'est peu ! Ah ! la flamme de l'apostolat peut encore s'allumer au cœur d'apôtres nobles et généreux !

Etat de l'Eglise catholique en Chine, au début du XXe siècle

		Païens	Catholiques	Prêtres	Eglises ou chapelles	Ecoles
Lazaristes	Tche-li nord (Pékin)	12.000.000	59.016	76	317	263
	» sud-ouest	8.000.000	34.832	33	208	138
	» est	5.000.000	3.639	8	11	12
	Tche-kiang	25.000.000	15.552	38	136	74
	Kiang-si nord	10.000.000	7.140	23	75	49
	» est	8.000.000	13.970	24	35	67
	» sud	10.000.000	6.000	17	19	34
	Total	78.000.000	140.149	219	901	637
Jésuites	Tche-li sud-est	7.000.000	52.257	65	273	514
	Kiang-nan	50.000.000	138.844	157	940	1.108
	Total	57.000.000	191.101	212	1.213	1.622
Franciscains	Chen-si nord	7.000.000	22.050	38	169	49
	Chan-si nord	6.000.000	15.412	30	161	95
	» sud	6.000.000	11.197	27	100	76
	Hou-nan sud	10.000.000	5.719	19	16	7
	Hou-pé sud-ouest	9.000.000	6.446	30	38	18
	» est	16.000.000	21.204	46	98	28
	» nord-ouest	6.000.000	14.406	23	68	24
	Chan-toung nord	12.000.000	17.993	35	134	170
	» est	9.000.000	9.800	15	145	40
	Total	81.000.000	124.227	263	929	507

Augustins	Hou-nan nord	10.000.000	215	8	5	3
Missionnaires de Rome	Chen-si sud	5.000.000	10.200	16	53	74
Missionnaires de Steyl	Chan-toung sud	10.000.000	16.190	42	77	41
Dominicains { Fo-kien		20.000.000	41.320	46	40	61
Amoy		8.000.000	4.780	25	32	29
Total		28.000.000	46.100	71	72	90
Missionnaires de Paris	Se-tchouan ouest	25.000.000	40.000	77	68	209
	» est	15.000.000	34.123	83	103	232
	» sud	20.000.000	21.000	52	37	164
	Kouei-tcheou	10.000.000	21.927	54	100	151
	Yun-nan	12.000.000	10.490	34	55	58
	Kouang-si	10.000.000	2.568	25	41	34
	Konang-toung	30.000.000	47.500	62	450	309
	Corée	15.000.000	60.554	55	44	88
	Thibet	4.000.000	2.004	20	14	20
	Mandchourie nord	10.000.000	10.161	21	62	66
	» sud	10.000.000	17.000	35	52	91
Total		161.000.000	267.327	518	1.026	1.422
Missionnaires de Milan	Ho-nan nord	7.000.000	3.000	12	34	11
	» sud	23.000.000	10.300	22	94	51
	Hong-Kong	3.000.000	9.000	20	46	36
Total		33.000.000	22.300	54	174	98
Missionnaires de Scheut	Mongolie est		12.747	41	35	45
	» centrale	15.000.000	19.426	58	115	122
	» sud-ouest		7.312	37	39	79
	Kan-sou	21.000.000	3.220	22	35	12
	I-li ou Koul-dja	1.000.000	120	3	2	1
Total		37.000.000	42.825	161	226	529
Totaux généraux		500.000.000	860.634	1.564	4.676	4.753

BIBLIOGRAPHIE

J.-B. PIOLET. — Les Missions catholiques françaises, au xixᵉ siècle, Paris, Colin.

LOUVET. — Les Missions catholiques au xixᵉ siècle, Paris, Desclée.

— *Missiones Catholicæ, curâ S. Congregationis de prop. Fide descriptæ, Romæ,* ex. typ. de P.F. 1901.

— *Comptes rendus* des travaux de la Société des Missions-Étrangères, rue du Bac, 1904.

— *Relations de Chine,* Kiang-nan, 21, rue de Sèvres.

— *Missiones Ordinis Fratrum Minorum in Sinis, Romæ,* 1905.

— *Annales* de la Congrégation de la Mission, Paris, rue de Sèvres, 95, 1905.

ANNALES de la propagation de la foi.

MISSIONS CATHOLIQUES, Lyon.

TABLE DES MATIÈRES

Imprimerie BUSSIÈRE. — Saint-Amand (Cher.)

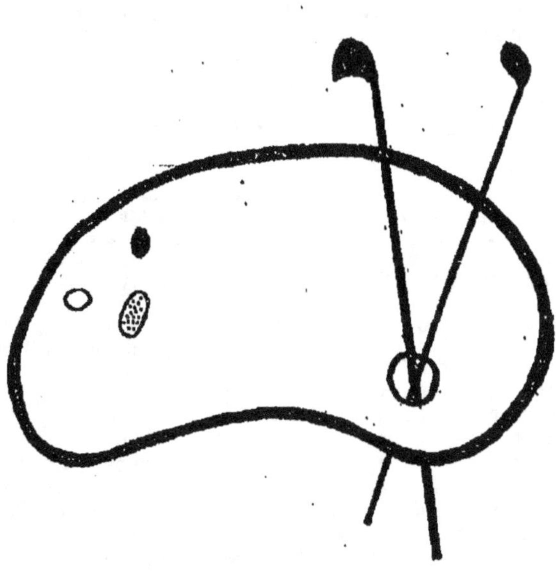

ORIGINAL EN COULEUR
Nᶠ Z 43-120-8

SCIENCE ET RELIGION

Études pour le temps présent. — Prix 0 fr. 60 le vol.

1 **Certitudes scientifiques et Certitudes philosophiques**, par A. DE LA BARRE, prof. à l'Institut catholique de Paris.... 1 vol.
2 **L'Ame de l'homme**, par J. GUIBERT, supérieur du Séminaire de l'Institut catholique de Paris.......... 1 vol.
3 **Faut-il une religion ?** par M. l'abbé GUYOR, ancien professeur de Théologie.......... 1 vol.
4 *Du même auteur* : **Pourquoi y a-t-il des hommes qui ne professent aucune religion ?**.......... 1 vol.
5 **Nécessité scientifique de l'existence de Dieu**, par Pierre COURBET.......... 1 vol.
6 *Du même auteur* : **Jésus-Christ est Dieu**.......... 1 vol.
7 8 9 **Etudes sur la Pluralité des mondes habités et le dogme de l'Incarnation**, par le R. P. ORTOLAN, membre de l'Académie de Saint-Raymond de Pennafort et de la Société astronomique de France.......... 3 vol.
I. — *L'Epanouissement de la vie organique à travers les Plaines de l'infini*.......... 1 vol.
II. — *Soleils et Terres célestes*.......... 1 vol.
III. — *Les Humanités astrales et l'Incarnation*.......... 1 vol.
Chaque volume se vend séparément.
10 **L'Au-delà ou la Vie future d'après la Foi et la Science**, par M. l'abbé J. LAXENAIRE, de l'Académie de Saint-Thomas d'Aquin, professeur de Théologie.......... 1 vol.
11 **Le Mystère de l'Eucharistie. — Aperçu scientifique**, par M. l'abbé CONSTANT, docteur en Théologie.......... 1 vol.
12 **L'Eglise catholique et les Protestants**, par G. ROMAIN. 1 vol.
13 **Mahomet et son œuvre**, par I.-L. GONDAL, supérieur du grand séminaire de Toulouse.......... 1 vol.
14 15 **Christianisme et Bouddhisme**, par M. l'abbé THOMAS, vicaire général de Verdun.......... 2 vol. Prix : 1 fr. 20
16 **Où en est l'Hypnotisme, son histoire, sa nature et ses dangers**, par A. JEANNIARD DU DOT.......... 1 vol.
17 *Du même auteur* : **Où en est le Spiritisme, sa nature et ses dangers**.......... 1 vol.
18 **L'Apologétique historique au XIX° siècle. — La critique irréligieuse de Renan.** (*Les précurseurs. — La Vie de Jésus. — Les adversaires. — Les résultats*), par l'abbé Ch. DENIS. 1 vol.
19 **Nature et Histoire de la liberté de conscience**, par le chanoine CANET, docteur en philosophie et ès lettres de l'Université de Louvain.......... 1 vol.
20 **L'Animal raisonnable et l'Animal tout court**, *Etude de Psychologie comparée*, par C. DE KIRWAN.......... 1 vol.
21 **La Conception catholique de l'Enfer**, par L. BRÉMOND, docteur en Théologie.......... 1 vol.
22 **L'Eglise russe**, par I.-L. GONDAL.......... 1 vol.
23 **La Fausse Science contemporaine et les Mystères d'Outre-tombe**, par le R. P. ORTOLAN.......... 1 vol.
24 *Du même auteur* : **Vie et Matière ou Matérialisme et Spiritualisme en présence de la Cristallogénie**.......... 1 vol.
25 *Du même auteur* : **Matérialistes et Musiciens**.......... 1 vol.
26 **Le Mal, sa nature, son origine, sa réparation.** *Aperçu philosophique et religieux*, par M. l'abbé CONSTANT.......... 1 vol.
27 **Dieu auteur de la vie**, par M. l'abbé THOMAS, vicaire général de Verdun.......... 1 vol.
28 *Du même auteur* : **La Fin du monde d'après la Foi**. 1 vol.